JN200443

子どもに寄り添う まなざし　春夏秋冬

学びの芽ばえを育む幼児教育

菅澤　順子

はじめに——自然に囲まれて育ったころ

思いがけないほどの長い時間を、子どもと過ごす人生となりました。つないで、つなげて、何よりその広がりを自分自身が楽しんで、いのちとの旅をしてきたと思います。生まれた時の環境、そしてその後のたくさんの出会いが、自分を育てる大きな力になっていきます。

今でも思い出すのは、幼いころの自然に囲まれた時間。入園した幼稚園は実に広大な敷地で、それはまるで棚田のよう。一番上に校舎、その裏は山につながっています。そして一段下がって校庭、その次はのんびり座って過ごせる緑広がる場所、実に豊かな自然のなかでの時間。大きな運動遊具やプールもない校庭でしたが、長なわにゴム段、石けりに陣取り、ドッジボールなど、小学生になってからも昼休みに放課後にと、心ゆくまで自分たちで過ごしました。そんな遊びは六十年たった今も鮮明に思い出されます。

帰宅してからは自宅の周辺が自分の世界。クローバーにれんげの花摘み、カラスノエンドウを吹く、ひとりで過ごしても飽きない、遊ぶのにこと欠かない環境でした。

「ヘンゼルとグレーテル」気分で、ポケットに入れた石を落としながら少し暗いところを進んでいったり、ちょっとした崖を見つけては、その岩や土での滑り台を楽しんでいました。その自宅から少し山手の場所は、私の最高の自慢の裏庭で、遊びにきた友だちはお尻を泥だらけにして帰っていったものでした。

四歳のころ、しばらく同居した祖父母の家には、白壁の高い土蔵があり、中にはたくさんの本がありました。背表紙が布で、「～でせう調」の文学全集もあり、それを持ち出してきては読みふけったものです。広い敷地で、裏門を入ってから家に行きつくまでに、畑、実のなる木々、草地、鶏小屋などいろいろな場所を通過していきます。祖母は私が出産するとなった時に、庭に実った柿を届けてくれました。今でも柿が大好き、柿といえば『かにむかし』（岩波書店　木下順二／文　清水崑／絵）、そして柿には絶対に種！　です。

生まれた時にそこにあったもの、それがその人の自然、そしてそれらにくるまれて生きてきた日々、幼いころからのそんな自然豊かな時間があったからこそ、子どもたちと向き合うことができてきたと思います。最初から自信があったわけではなく、子どもたち、そのいのちとの出会いに育ててもらったにほかなりません。

たくさんの仲間と仕事をしてきましたが、小学生ふたりのお母さんになっている方から次のようなことを聞きました。先生には「思いっきり遊ぶこと」「絵本をいっぱいに読むこと」「本物に出会わせること」、ほかにもたくさんのことを教えてもらった、それが今子育てをするなかでの大きな力になっているというもの。私が育ってくるなかで力にしていったこと、それが伝わっていることをほんとうにうれしく思いました。

「書くことを大事にしていますね」とも言われます。子どもたちの日々を見て、感じて、喜んで、そのことを保護者に向けておたよりを書く、幼稚園の仕事で大事にしてきたもの。メールが便利になった時代ですが、受け取る封書にも喜びをもらっています。

いのち——三人の我が子との時間にどれほど育てられ、力をもらったことでしょうか。順に大きくなり小学校、中学校、高校と進んでいきますが、私は彼らのその時間を通して、プラス三度、少年期、青年期などを味わったと思います。先に体験した大人としてではなく、それぞれその時を一緒に感じることができたのは、その後も長い間子どもと向き合っていくなかで、とても大切なものでした。

「先生を見ていると自画自賛っていいなと思う」、よく言われました。「上手でしょ」「おいしいでしょ」「すごいと思わない?」「めっちゃうまくできたわ」「最高!」、自分をほめることこのうえなし。マイナスなんてありえない、「口にプラスと書いたら、かなうよ」です。

子どもを楽しませたい、そのためには力を惜しみません。次々と変わったおもしろいものを見つけ出し、それを楽しく紹介する。人を笑顔にするのが至上の喜び、魔法使いとも呼ばれ、そんなふうにして一緒に過ごした子どもたちのことは忘れません、時には見上げるほどになってしまっても、思い出をいっぱいに語ります。

「先生は主演女優だからそれでいいのよ」と声をかけられ、卒園してからも「ちょっと顔を見たくなって寄ってみた」、そんなふうに言われるほどうれしいことはありませんでした。「保育」なるものを学んでから現場に入ったのではなく、まず子どもに出会いました。子どもと過ごす大人を見て自分を育てました。自分のなかに少しずつ積み上げていったことが、シナプスのようにつながり、次の自分を作り出していったように思います。

それを実践と呼ぶなら、多くの、そんな時間を過ごすことができたことは何より。また学ぶことも好きでした。それらを称して、豊かな出会いと呼びます。その豊かな出会いがあって自分を広げていきました。仕事で、子育て真っ最中で、子どもと向き合っている方々に、この本から少しでも伝わるものがあればと願っています。子どもたちの声が聴こえてきたらいいな、とも願います。

目　次

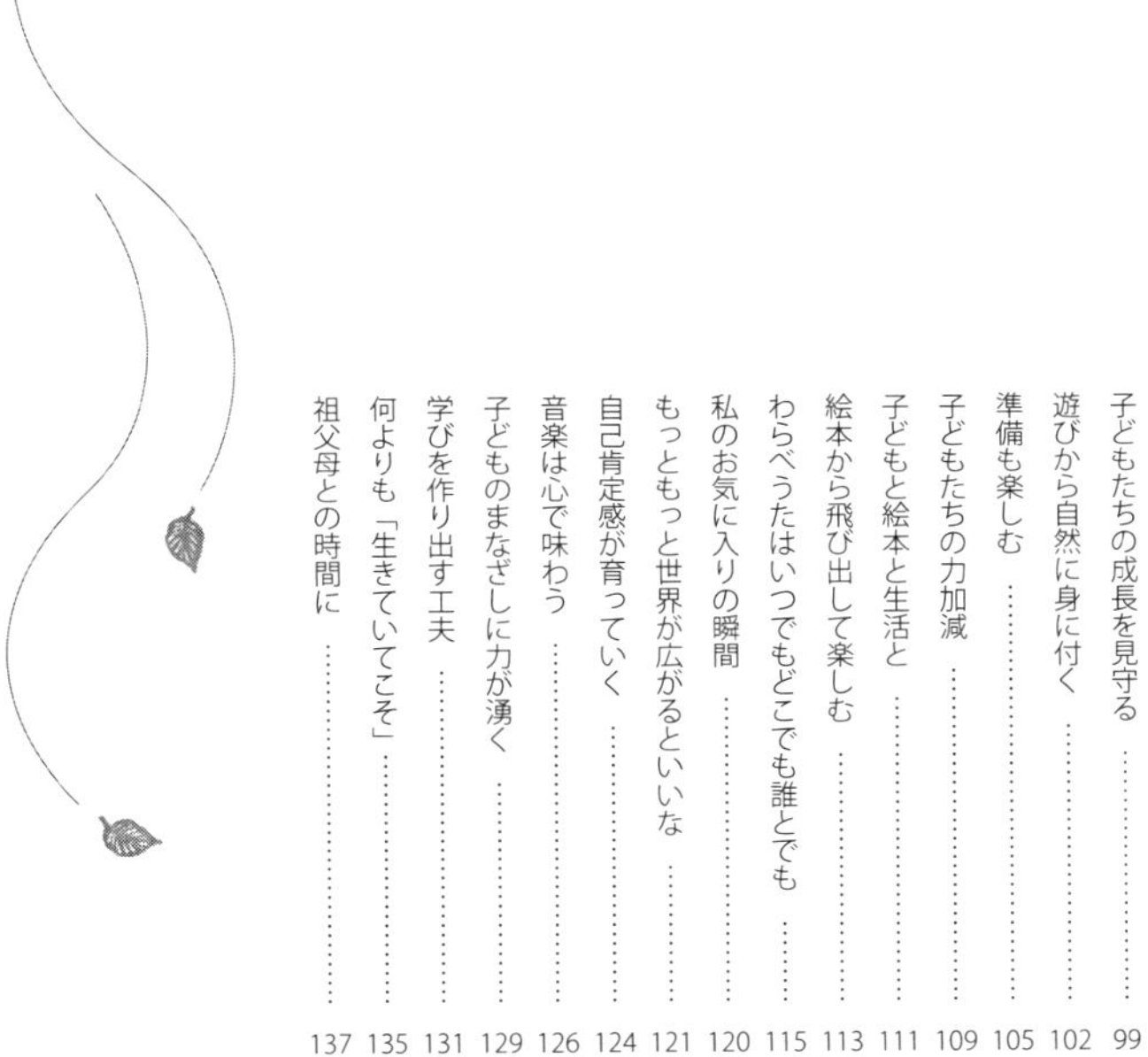

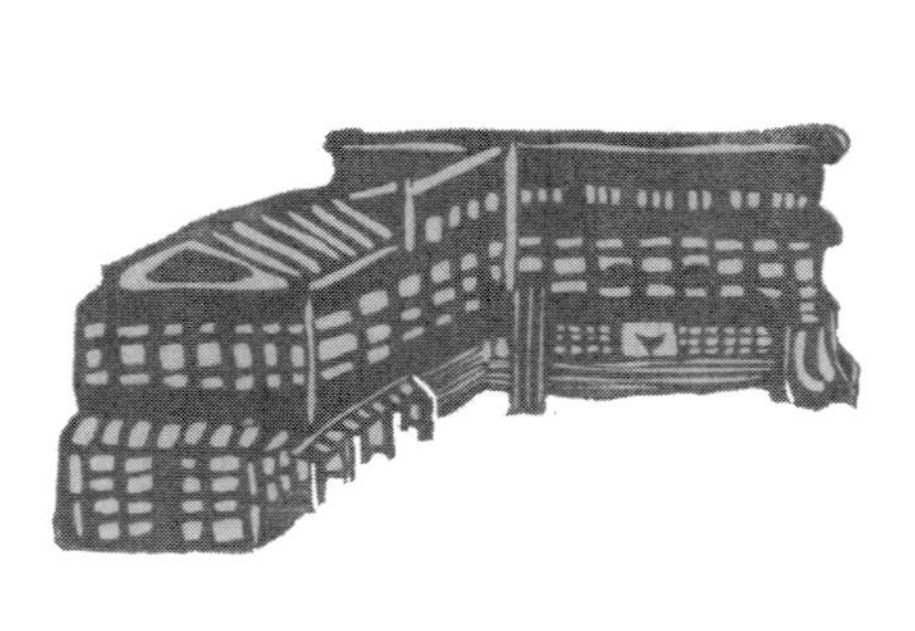

第一章

いのちが歩き出す

はじめの一歩に心を寄せる

四月、それぞれに新しい世界へのとびらを開ける時です。幼稚園への入園もそのひとつ。私自身の入園や、小学校の入学のころのことはあまりよく覚えていませんが、保育という仕事についてから、多くの「はじめて！」「はじめの一歩」に心を寄せてきました。そんな「四月」をいったい幾度迎えて、子どもと向き合ってきたことでしょうか。

二〇一八年の春が近づくころ、未就園のクラスに参加した時のこと、母子分離のむずかしさにみんなで心を痛める男の子の姿がありました。

「お母さんに抱かれていてもどうしてあんなに泣くのだろう？」「何がそんなに彼を不安にさせているのだろうか？」

入園前の健康診断の際、母親の腕の中で泣く姿に驚き、それからの日々を考えて頭を抱えて、そしてさまざまな意見が飛び交ったのでした。でも私はその時に思いました。入園という儀式を終えたら、そこから先が私の出番。

「この私がここにいるよ」です。それもやさしく「いるよ」ではなく、「いる！」というそんな強さです。

私自身も親の立場で、子どもを預けるという、親として試された時をかつて過ごしました。本人を全面に受け入れることの大切さはもとより、保護者の方に「任せよう」と思っていただくことが大切な入園の春。

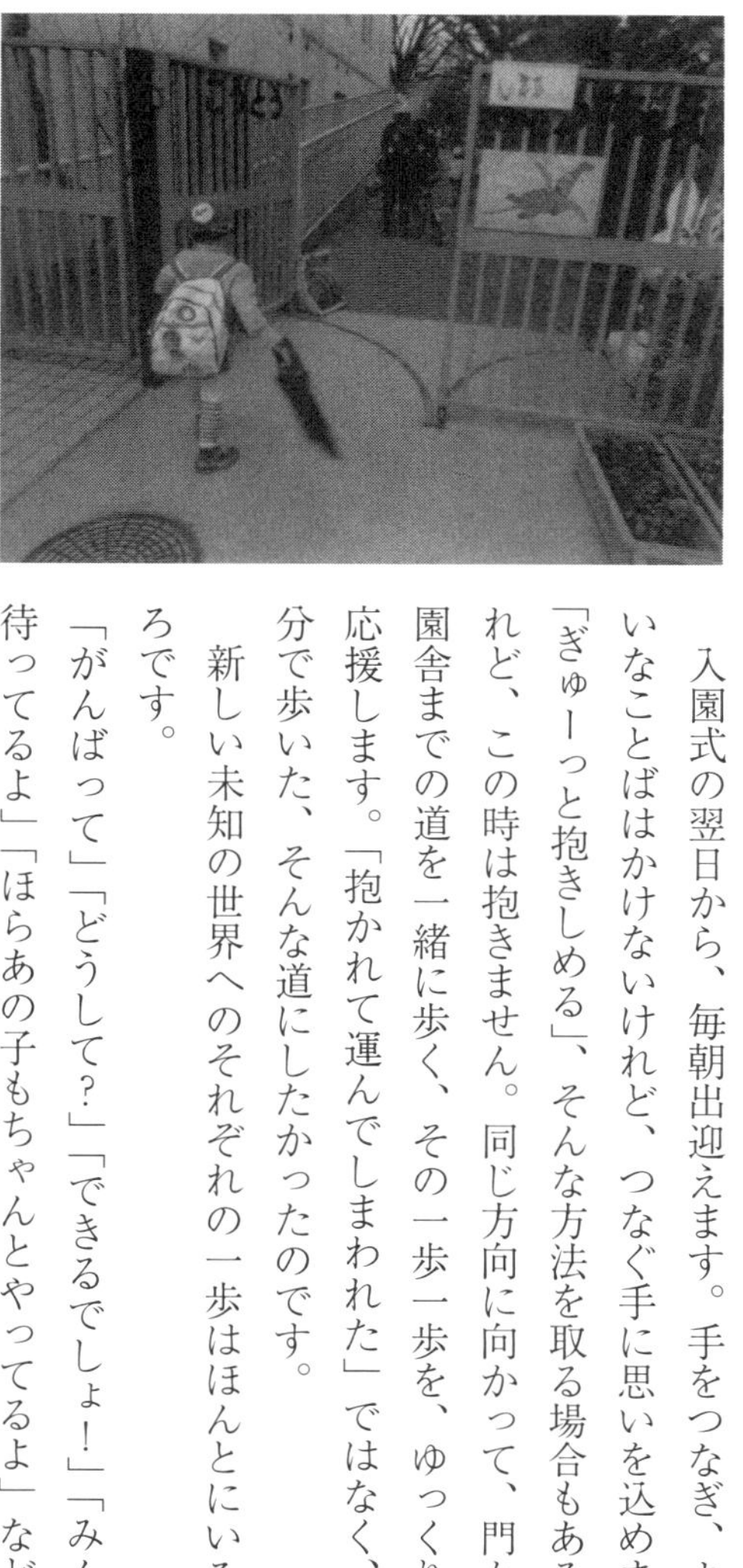

入園式の翌日から、毎朝出迎えます。手をつなぎ、よけいなことばはかけないけれど、つなぐ手に思いを込めます。「ぎゅーっと抱きしめる」、そんな方法を取る場合もあるけれど、この時は抱きません。同じ方向に向かって、門から園舎までの道を一緒に歩く、その一歩一歩を、ゆっくりを、応援します。「抱かれて運んでしまわれた」ではなく、自分で歩いた、そんな道にしたかったのです。
新しい未知の世界へのそれぞれの一歩はほんとにいろいろです。
「がんばって」「どうして?」「できるでしょ!」「みんな待ってるよ」「ほらあの子もちゃんとやってるよ」などな

ど大人の位置からの声掛けは不要、それはすべて禁句です。「待ってる」「できている」「みんな」は、そこにあなたは入れていない、そう言い渡しているようなものです。

「この私があなたのそばにいるよ」、そんな強い思い。でもことばにするのではなく、ただただ寄り添うこと。涙には必ず意味がある、不安な様子であれば「ここに私が」のまなざしを届けることです。

新しい春、それは未知の世界への一歩を踏み出す子どもだけではなく、この私にとっても新しい日々、何が起こるかわかりません。しかし年を経るごとに子どもたちとのそれまでの日々が、力の積み重ねとなって押し出してくれて、支えとなっていきました。

「子どもとの冒険」へ出発

立てば這えと願い、そして次は歩き出したのを支え、そんな小さないのちの一歩を応援してきたお母さんやお父さん。少し前までは三歳を迎えるころに「幼稚園どうしようかな」という時代の様相だったのが、最近は入園の相談の電話も、年齢を伺うとようやく一歳になったくらいという場合が多くなっています。

待機児童など、不安をあおることばも多いからでしょうか。

あわてないで今を楽しんでいただけたらいいのですが、そうもいかない昨今のようです。

お預かりする年齢は就学までの三年間。三歳を迎える年度の秋に、入園募集があることをお伝えします。また入園前に少しずつ外への一歩を作り出していくのに、事前の保育プログラムが用意されていること、年に数回ほどですが、親子の時間も設けています。

入園する年齢になった、幼稚園を探さなくてはなど、一見「子どもの一歩」のようですが、これは子どもを育てている大人の、社会との大きな出会いです。「子どもが不安がって〜」とか「この子は外にあまり出たがらなく〜」など、子どものことをわかっているように言われるものの、実はそのことを話されているその方の思い込みが強くあるようです。

お母さんが一歩外に向かって歩き出したら大丈夫！　いつもそう思ってきました。

話しかけられたら応じる、自身も思い切って新しい出会いを作り出してみる、そんな姿が子どもの一歩の力になります。

公民館などでのサークル活動を積極的に体験する方もいれば、おそるおそる園に電話をしてみるという場合もあるでしょう。

入園してからの子どもたちの時間を「子どもとの冒険」として楽しみましょう、とお話したりしていますが、その前にお母さんの冒険への出発ですね。勇気を出してそんな一歩を踏み出していただきたいものです。

またお尋ねによくあるのが「試験」、「面接」です。大事なことは、子どもがここに来たいと思ったか、保護者の方が子どもにとってこの場所がこんな点でいいと思ったなど、ただただそれだけです。公立保育所からの私の旅立ちの時、当時の保育課長が送り出してくれるにあたって、次のような話をしてくれました。

「保育所は保護者が市に申し込みをして、手続きして子どもが保育所にやってくる。でも菅澤さん今度は違うよ、保護者が園を選んで子どもを託すのだ」

「選ばれる」ということばを強調しました。

もちろん働く家庭であってもどこにということは選ぶでしょうが、保育所では事務的な手続きを終えて訪れてくる親子を受け入れる、でも私立の幼稚園は違うだろう、そのうち少子化の時代が。それをも見据えてどう園の運営をしていくのかと、気合いを入れてくれたのでしょう。

出会う子どもとその一人ひとりと大切に向き合う、ただその思いでしたが、「ここに来てよかった」、そう思える子どもとの園での時間を、どう大事にしていくのか、です。

どんなプログラムがあるのか、外で過ごす時間はどのくらい、保育室での遊びはと、細かく聞かれたりしますが、みんなで心から笑える時間が大切だと思っています。つかみどころがないとは言え、子どもの時間は量では測れない、見えないものの積み重ねです。

入園の相談に来られたひとりのお母さん、三歳児健診で発達が遅いと言われたと悩んでいました。

「できないことを探すより、三歳になったことを一緒に喜びましょう、どこの幼稚園にしようかなって悩む、親の新たな課題との出会いだと思いましょう」

私たちに託そうと連れてきてくれた、私たちはかわいい！　と心からその幼いいのちとの出会いを喜びたい、感謝したい。子どもと一緒に来てくれなかったら、どの出会いもありえないのですから。

子どもの時間についてよく考えます。もし子どもがいっぱいのことばを持っていたら「おかあさんちょっとまって」と言うかもしれません。そう思うくらい、大人は何歳になったから、だからと先に先に進めていってていないでしょうか。

いろいろな習い事についての相談も受けるのですが、「本人が行きたいと言ったから」との大人の言い分も多いのですが、子どもの時間を大人の思いで一方的に作ってはいけない、いつもそう感じます。

そして送り出すことになってからは、いろいろな形でその時間を共有してあげてほしい、「この子、何も考えてませんよ」なんて言わないで、どんな小さな思いも共感してあげたいものです。

幼稚園という場での新しい一歩、その小さな胸でみんな何を考え、何を思っているでしょう。朝の園までの道、門をくぐって一人で進んでいく、明るく手を振る子、そのまま走って行く子。そんな子もいれば、何度も振り返る子、時々止まる子、急に不安になって戻ってくる子、いろんな姿があります。

私はひたすら子どもに表敬の思いです。数え切れない、測れない思いの重さ、だからすべてをかけて受け止めたい、みんなみんなかわいい！　がんばってるね！　来てくれてありがとう！　だよ。

だから毎日「作戦」、絶対に明日も来たいと思ってもらうために、楽しいことを考える、寝ないで考えたと言いつつ、子どもたちの笑顔を引き出す時間を大切に、これ私の「プロフエッショナル」です。

子どもと向き合うまなざし

ある年のこと、兄が卒園して今度は弟が入園することになった時、弟に「幼稚園に行ったら順子先生に必ずついていくんだよ。ちょっとこわいけれどおもしろいことがいっぱいあるからね」と言っていたと聞いて、いやあ、おそれ入りました、の思いでした。

また、クラスの応援で一緒に散歩に出た時、ひとりの子どもから「この子とつなぐーっ」、まあこの子ですって、それってすごいじゃないか。そんな時間を過ごした翌朝、担任の先生から「Sちゃん、朝から砂場で順子先生のごはんだってボールで砂混ぜてますよ」。

子どもとの向き合いは必ず次を生み出します。

さて、この章の冒頭で紹介した男の子。彼は次の時間への不安が大きいようでした。「次はどうするの?」「どこに行くん?」「これはどうなるの?」など、立ちつくしてしまう子どもはよくいます。時計を見ながら説明するということもありました。この時は、朝に登園して用意をすませたあとに「二階で集まるよ～」の声を耳にして、その「二階」に不安を覚え、抵抗を持ったようでした。

私たちは何てことなく、「二階へ行こうか」と当たり前のように口にしますが、自分たちが生活している場所、それを誰もがわかっていると思ってしまうのは、実に間違いですね。こんなふうにして、子どもから教えられていくことに謙虚でありたいものです。

ある日、別棟の広い場所に移動するらしいと知って、涙が止まらなくなりました。そこで「予行演習」を思い立ちました。わざと荷物を用意して重そうにして、手伝ってくれると助かると声をかけ、予定の場所に向かいます。三歳だからと子ども扱いにせず、対等に話しかけていく、手伝って持ってくれているものが、今日の集まりに必要なものであり、助かるなあと感謝する。内緒だけれどこんなことをしようと思っているとも話して、自尊心をくすぐるなどもしました。帰り道、「いろいろわかったからもう心配しなくていいよね」と、目を見ると「うん、もう泣かへんわ」と力強い答え。その日の集まりが楽しかったことも加わって大きな一歩となったようでした。

いろんな日々があっての一年を終えてきました。ある年の年度末の保護者会の総会で感謝状なるものをいただいたことがあります。

「あなたは子どもたちをいかに驚かせてやろうかと日々努力を重ね、子どもたち以上に楽しんで園生活を豊かにしてくださいました。どんなこともただでは終わらせないというその職人のような気質にはただ感心するばかりです」

このように書かれていましたが、若いお母さんたちから「努力していたね」と言っていただけるなんて！　うれしかったことを忘れられません。

子どもたちにとって一番大切なことは、生きることに積極的な大人がかたわらにいることにほかなりません
何も知らせない、驚かすことを楽しむ、予行演習なんて論外、それよりその場で作り出していく、それが私のそれまでの主なるやり方でしたが、寄り添いの幅や奥行きを広げることになった、私の大きな学びの時間でした。同じ空気の中にいる、だから生まれた奇跡のような時間。保育者生活の終盤、幼いいのちから教えられました。

あせらず実りを待つ

新たな出会い、学びとなる入園前後の時間です。親子ともに不安を抱えながら迎えるそんな時間もあれば、「大きくなったね」と涙は涙でもうれしさいっぱいの涙で送り出す、そういうことが進められていく、それが幼稚園の三月です。

お母さんに抱かれて涙いっぱいの男の子を見ながら、三年前の一人の女の子を思い出しました。やはり入園を控えての健康診断の日、これはちょっとはじめての体験だわというような拒否の表現、全身を使っての思いがけない姿を目にしました。叫ぶ、投げる、などでき得ることはすべてという行動に、ここまで三歳児がするのか、と思ったものです。

そして入園、そこからの時間を思い出すたびに、大人がいかに一方的で勝手な思い込みのもとに子どもと向き合っているかに、反省でいっぱいになります。

みんな、一人ひとり思いがあります。健康診断のプログラムもふたりめの入園ということで、お母さんも迎える私たちも「当たり前」でしかなかったのですね。

どの子もそうであるように、みんな必ず確実に育っていきます。いろいろなペースで踏み出すその子どもを大人がどう見守るか、踏み出そうとする一瞬、その前向きになった気持ちを逃さない、迷いの息つぎがあるかも、それをさりげなく支える、出会ったばかりの幼いいのち、壊れないように守る、大人の大切な一歩です。

見逃さない、これは朝の登園時、何か昨日と違う、そんな明暗などを、その時の雰囲気から「読む」のです。前を見ている、やる気になっている、その一瞬を逃してはいけない。そしてちょっと気分が乗っていない、そんな朝ももちろんです。

すべてが完璧にいきません。「気がついたら」、ということもあります。これもいいものですね。花の種を蒔いて、苗を土に植えて、「あっ、いつの間に」「あらあ、こんなに大きくなっている」と驚くことも多いですが、ヒトの育ちもまさしくそういうものではないでしょうか。

あせりさえしなければ、思い通りにしようとさえしなければ、個々の持つ、個々に備わっている力が少しずつ開花して、実りへとなっていくのだと思います。

表現しがたい全身での拒否の訴え、その後両肩がいつも上がっているかのような日々もありながら、育ちに欠かせない多くの時間を経て、運動会の年長によるリレーを迎えます。リレーの際には走る子どもたちを応援しながらマイクで呼びかけます。

「かたかった○○ちゃんが、やわらか○○ちゃんになりました」

やわらか○○ちゃんて言っていたねと、とても喜んでいたそうです。

また、その子どもとの思い出をひとつ。年長になって間もなくのある朝、少し足が痛むと言いにきたので、散歩には参加せずに園に残ってはと提案しました。一番小さいクラスと過ごしました。特に指示したわけではないのに、子どもたちが転がすのを楽しんでいるボールを集めて戻してくれたり、さりげなくそこにいてくれました。「幼いクラスに」と言われたことを、そこでよき働き手になるという年長児の誇りを見せてくれたようなひとこま、六歳の「わたしはここにいる」に驚きました。

「わたし」から始まった集団生活の時間、それが確実に「わたしたち」になっていっている、それは一緒に生活する日々から生まれ、自分たちで育てていったもの。子どもたちから日々、一緒に生活してこそのエピソードを手渡されます。子どもたちが教えてくれます。大人は強くしなやかでなくてはなりません。

なわとびを工夫して、「できた!」

公同幼稚園のクラスには少し変わった名前がついていますが、三歳児のクラスは「ぽっぽぐみ」「ぽっぽさん」と呼ばれています。その生活が始まって一週間。子どもたちの様子を見ながらいろいろな時間を作っていきます。

まず登場は「おおなわ」。このおおなわの歴史はなかなか古く、また大切にその時その時のみんなでつないできました。子どもたちの一歩は「その場でジャンプ」すること、するとベテラン先生はその子どもの足の下をなわをくぐらせる、間違いなくその子の足の下をなわがくぐる。「できた気分」「やったぞ！」の満足、それが積み重なり次へと進んでいく、これがおおなわです。

「ぴょんぴょんして」「ジャンプ、ジャンプ！」と先生たちの必死な声が聞こえてくるのですが、どんな跳び方にも応じる回し手、新任の先生たちにとってはこれがまず驚き、これから次々と登場してくる多くの「修行」のはじまり。

こんな一歩が、その後どれほどのすばらしい場面を見せてくれていくことにつながっていったでしょうか。年長になるとひとり用のなわでのひとり跳び、回数が増えるのを楽しみ、走りながら跳ぶことも上手になっていく。そうなるころには少々狭い園庭では、と広い場所に向かい、ますますの力をです。

さて一歩を応援するには実はいっぱい仕事があるのです。いつしか自主運営になる「並んで待つ」ですが、なわを回す先生以外にもうひとつの大事な大きな仕事があります。数台置いている平均台に座って待つ子どもたち、跳んでいる子どもへの応援を一緒にしながら、跳び終わったら次の子になわのところに行くように声をかけ、並んでいる子ども全員に「おとなりへ」と歌うように言いながら動かしていく、戻ってきた子どもを「すごいね上手だったね」とほめて最後尾に座らせる。「並ぶ」「座って待つ」「横に動かしていく」「みんなで応援する」などなど、ていねいな調整、サポートがあって、回し手はその仕事に打ち込むことができます。子どもの成長とともに、新任の先生も回すのが進化していきます。いっぱいの人間模様があります。

その模様に必ずあるのが、そう簡単には動かない子どもたちもいること。「やってみる?」と誘われて何てことなく「待ってました」の子ども。何より自分から要望してくる子どももいます。じっと見ている、しかしかたくなに首を横に振るそんな子どもも、さあ、いつ動き出すか、その気持ちの変化を逃してはと、これは大きな課題です。調整の仕事は多様にあり、歯車が合うと笑顔が広がっていきます。

もう何十年も前のこと、脳性麻痺でバギーに乗っている子どもがこちらをじっと見ている視線に、「跳ぶ?」と聞いたことから始まった「大人が抱っこして」のおおなわ。「すごいね、○○くんいっぱい跳んだね」と周囲の子どもたちの喜ぶ声、そんな風景が園庭のおおなわに加わりました。年長のしっかりした子どもが、歩いたり跳んだりがまだおぼつかない仲間の脇を持っておおなわに、という姿も加わっていきました。少し重くて大きい車イスに座っている子どもは、毎回そこから降ろして抱っこしていたのですが、新たな光景がその後に加わります。車イスを押す先生とおおなわに入って抜けていく、回す人との絶妙なインタープレーです。いろんな子どもたちとの出会いが、さまざまな風景を作り出して、笑顔とともに人の心が広がっていった園庭です。

ところでこんなふうに進めていますが、いわゆる「保育参観」の場や時間は設けていません。「参加」とか「一緒に」は大事にしています。子どもの過ごしている場を見ていただく、ほかの子どもたちとも触れる、同じクラスの保護者と顔見知りになるなどなど、そして何より一緒に遊ぶです。歌う姿、声から園での歌を知る、わらべうたを歌って楽しみながら触れ合っていく、そしてお母さんたちもおおなわを跳んでいる姿、その笑顔を子どもたちに見せる、大切な時間です。

一直線ではない子どもの成長

一日一日があるのみ、それが子どもの成長です。時間が大切です。決してみんな同じではない、一人ひとりが違います。だから毎日が冒険、新しい朝が訪れたら、その日の子どもとの旅がはじまる、そしてみんな大きくなる可能性を秘めています。子どもたちが何より教えてくれたことです。

成長していくにつれ、子どもとの対話がどんどん進化していきます。生まれたばかりの赤ちゃんとも対話をしていく大人、一方的に声をかけているようで、「そう？　そう思う？」なんて声をかけていく、「そーう？　そうだよね」「へえ、そうなんだ」、顔の表情、身振りも豊かに対話を重ねていきます。

園でも、最初は「ことば」をぼそっとつぶやくくらいだった子どもと、ことばのやりとりが可能になっていく、おもしろい！　と感じるひとときが増えてきます。

涙で四月をスタートした男の子もどんどんしっかりしていきます。決して一直線ではありません。泣かなかったと喜んだ次の日に泣いていたということも。止まったり、戻ったり、急展開があったり、これが子どもの時間です。前に進むだけでなく、そんな時間が大事なのです。

毎朝、彼と一緒に園舎に向かいながらちょっと賭けてみました。少し自信もついてきたように感じる足取りに、ふと「いじってみよう」と思っての「おおなわでもやってみたらいいのに」。すると「いえでれんしゅうしてるよ」と私を見上げながらしっかりした返答。

おお、かみ合った！　あの園で広がるおおなわの空間には近寄ろうとしなかったこれまで。でも聞いてみると家でお母さんが揺らすなわを越えたりしているとのこと。ささやかな家庭でのまなざし、行動など、必ず功を奏していく。園と家庭という両輪がうまく回っていく時に子どもの一歩ですね。そんな「れんしゅう」が前向きの気持ちにさせている、しかしだからといって自分からやろうとはしない。ここで必要なもう一歩が求められる、私の出番です。

朝のひとときで終わりにしてはいけない、会話に安心していてはいけない、ここが勝負と、ちょっと心配であったものの踏み出しました。「行こう」と誘う、ここでもつなぐ手に思いを込めます。順番を待つ列に座り、順に横に動いていく、先頭に来たらなわのところに出ていった、そして跳んだ！　一瞬一瞬はハラハラでしたが、彼はこれまでに「見ていた」ことで確信を持つに至っていたのです。手の平に書いてもらった数字をクラスの先生だけではなく、かなり離れた場所にいる先生のところへ、自分でトコトコ歩いて行き、手を差し出して見せていました。

一気に成長の階段を、何段も登ったのを見せてくれた午後のひとときでした。

その数日後、朝保育室の前に立っているところで目が合いました。「あらあ、ひとりで来たんだ」、そう聞く私に「おかあさんともんまできた。もんのところでバイバイした」、そのあとひとりで部屋まで来たことを懸命に教えてくれました。門からは、園庭が目の前に広がるところまで距離が少しあります。園庭に入ったところから保育室までも少し距離が。そこを「ひとりでーっ！」。感激する私に笑顔でうなずくその姿、ハードルを越えていっていることにほんとにうれしく思いました。

誰よりも偉大なだんごむし

さて入園してまだ借り物のようにその場にたたずむ幼い子どもたち。その子どもたちが必ずといっていいほど一番に友だちとして出会ってきたのが、小さな小さないのちの少し黒い、そして丸くなって驚かせるだんごむしです。

見たこともなかった、全くはじめての出会い、でも心をとらえてその後の彼らの毎日の時間を動かしていくほどにもなる不思議な存在。何をしていいかわからない、何となくそのあたりを見回している子ども数人を誘って、ひとりの先生が園庭奥の木々の豊かなところに入っていきました。

石をどけたり、プランターを少し動かしたり、空間が広がった瞬間、そこにごそごそと動き出したものが目に入ります。そんなふうにしてはじめて目にして、それからの日々はおもしろいくらいに自発的に行動するようになっていく子どもたちの姿が広がっていきます。そして自然発生的に開催される、私、名付けました「だんごむし会議」。

子どもたちの後頭部だけが見えているその輪の真ん中には、箱とかお皿とかに入れられただんごむし。右往左往のものもいれば、じっと丸まって動かないものも。頭を寄せ合い、またことばもなく、誰も去らずにじっとそこにいる、息づかいだけが感じられます。丸まっていたのがひとつ動き出したその瞬間、かわいい指が一本触れた、丸まった！「あっ」誰かが発した声、そんな子どもたちが作る円陣。最高にかわいい！。

まだまだ広がっていくだんごむし収集に、思わず「絶滅危惧種になるかも」と心のなかで叫んだこともありました。「むしやないで、かいやで」と実習の学生に教えている年長児も。場所、そして自然な関わりのなかでの学びでしょうか。

幼い子がほしくてしかたがない、でも簡単には見つけられない、またうまく伝えることもできない。持っている人の方を見てただ立っているだけ。それを誰よりも早く気づいてそっと手をひいて一緒に探しに行ったり、手渡している年長の姿。ともに生きる生活あってこその姿、育ちです。

今、目の前でどれほど豊かですてきな光景が繰り広げられているのか、そのことに気づくことの大切さ、何かを求めて出かけていくことも大事ですが、宝はいつも自分たちの周辺に、日々過ごす園庭にあります。問われることの多い大人です。

新しい年度は桜に抱かれて

一九八一年に公立の保育所を退職してきて、幼稚園で働く一員となった私ですが、それからは何といっても園庭の恵みを享受し、豊かな時間を子どもたちとともに積み重ねていくことになります。生まれて育つなかでくるまれてきた自然、でもしばらく遠のいていた自然を、自分自身が取り戻していく日々となっていきました。

幼稚園の園庭の恵みは語り尽くせません。開花すると「見せてもらってもいいですか」と、道行く人が入ってこられるほどの大木となって、園の外にも春を届ける桜、

植樹して三十年を越えました。
「うえをみてもさくら、したをみてもさくら」「さくらのおふろや」「さくらプール」「さくらのせかいやなあ」「さくらいっぱあい」。一年の間、いろんなじゅうたんが敷き詰められる園庭、第一弾は桜の花びら。季節を届けてくれるじゅうたんはオリーブの白い花、秋にはキンモクセイに、ぎんなんの実にイチョウの葉っぱ、冬にさしかかるころには落ち葉と続きます。

子どもたちがそこにいる、だから風景もより豪華に、そして自然にくるまれている日々は、ことばがあふれることにつながっていきます。『さくら』（福音館書店　長谷川摂子／文　矢間芳子／絵・構成）や『みのむしーちゃみのがのくらし』（福音館書店　甲斐信枝／さく）の絵本を、その桜の樹の下で先生と一緒に見るそんな時間も。「あめだあーっ」と言いながら桜の花びらを放り上げ、かけ合いっこする元気な姿、砂場のケーキは本日は桜一色で、そんな四月の風景。

季節が進むと園庭のあちこちの地面に穴が。セミの誕生、次に目にするのは抜け殻。そして庭を席巻する合唱、そんな暑さの日々が収まるころには死骸があちこちに。短いいのちを終えて場所を選ぶ間もなくのあっけない旅立ち。その短さを味わうこともないものを目にすることもありました。地中からやっと出てきたのに、羽化の場所が見つけられない、背中が割れない、下方に出てきた頭部を持ち上げられないままに終わったいのちたち、自然界の厳しさを教えてくれるそれらでした。

そして子どもたちがいつの間にか作っているセミ塚に驚かせられることもあったり、木製の小屋の柱に小さくあいている穴、セミが卵を産みつけた跡であり、そこからまた新たないのちの旅路がはじまっていることを教えられ、ささやかな園庭から届けられるものには畏怖の思いを持つ多くの学びがありました。

色彩豊かな園の生活

幼稚園から歩いて十分くらいのところに畑があります。すべてが「はじめて」の新入園の子どもたち、門から外に出て歩くこともはじめの一歩です。四月の畑はチューリップが満開、いちごが緑の葉を広げ、白い花が咲き、いちごの赤ちゃんの小さな緑の実が見え隠れしています。そんな春を幼い子どもたちに見せたい、ここは先輩たちが幼い子の誘導という大きな働きをするべく、その日を心待ちにしてくれています。そんな心、そして実際の働きがあってこその、貴重な一歩です。

畑は宝箱、その宝箱を彩り、輝く箱にしてくれる子どもたちの存在。年長児にしっかり手を握ってもらっての畑への一歩。そこから畑への道程も楽しみのひとつに。入園したばかりの三歳、手を取ってもらって訪れた日から二年経つと、今度は連れていく番がやってきます。時に三歳の子どもの方が背が高くて、体格もしっかりなんてこともあるのですが、顔つきはさすがの五歳です。取っている手を握り替えて、車道から守る姿もさまになっている、成長に驚くばかりです。

子どもたちを育ててくれる大切な場、そんな畑と子どもたちの景色を描きたいと思ったのが二〇一七年の秋の運動会のことでした。子どもたちが被っている帽子、年齢がわかるその色が誇りです。その帽子、色を活かしてプログラムを考えました。

子どもたちの成長には色との出会いが欠かせません。入園するころの園庭を彩り、舞い散る桜の花びら、先輩にサポートされてはじめて訪れた幼稚園の畑、そこに広がるいちご畑は緑に白に赤、青空の下、大地の上にとたくさんの色を届けてくれます。そんな色を、子どもたちの大好きな帽子を活かして「ミュージカル」を作ってみたいと思ったのです。ミュージカル！　そこに子どもがいて、歌が音があったら、それはミュージカルです。

物語は、桜の季節を迎え、街に園庭にピンクの色が広がります。ピンクの帽子の子どもたちがスキップで登場、花が開き風に揺れ、花びらが散っていく様子を表現してくれました。次に畑に姿を現したのは春に入園して仲間入りした三歳児。畑デビューの子どもたちは園から歩いて向かった畑をそっとのぞきます。かわいさ全開のオレンジ帽子の子どもたちを、年長の緑と白の帽子を被る子どもたちがあたたかく迎えて、その幼い姿を見守る。いちごの緑の葉や白い花になりきっている子どもたち、「そう言ってあげてね」と伝えていたわけでもないのに「こっちへおいでよ」と、ささやくように誘う様子が運動会の日に見られ、今の自分をしっかり生きている様子には感動でした。

初夏、かえるが跳びはねます。そしてあちこちに芽を出すひまわり。そのひまわりがぐんぐんと伸びていく様子は黄色い帽子を被った子どもたちが、小さい芽が出てそしてどんどん空に向かっていく姿を表現しました。

子どもたちの発達を動詞で表すことができます。「見る、触る、歩く」、名詞が増えていくと同時に数えきれない動詞を獲得していく子どもたちですが、それに形容詞が加わっていく。ゆっくり、早く、小さく、大きくなどなど、動詞に色付けした世界が豊かに広がっていく、そんなことを自然に表現していく子どもたち。色を理解し、仲間と一緒に動き、指示によって動かされているだけでなく、自分たちも積極的に動いて周辺に関わってもいく、ここに子どもたちの相互の関わり、インタープレーがあってこそのひとときだと思いました。

　それぞれの保育室という居場所があるものの、折あるごとに過ごす時間、お互いを見る時間、さりげない流れのなかでお互いを理解していく、そんな日々がつながって、生きていると感じました。

　さつまいもをみんなで掘ったその畑は、九月半ばにたくさんの彼岸花が咲きます。はじめての年は「今日は赤いものを探しに行きます」の先生の作戦のもと、「赤、あか、アカ」と目をあちこちに走らせながら着いた畑に真っ赤な花が。ミュージカルの最後は年長の帽子の裏に縫いつけておいた赤い布、帽子を裏返して秋の畑を表現。全園児が輪になってみんなで音楽に合わせて動く。心のつながり、ともに日々生きていることを見守ってくれる方々にお届けしての、この年の秋の「こどもパレード」と名付けての時間でした。

入園式に届ける絵本

二十年以上にわたたって、入園式に絵本を一冊選んで子どもたちと味わってきました。五十周年を迎える絵本など大事な財産は大切にしたい、福音館書店の『うさこちゃん』シリーズ、『モモちゃん』（講談社　松谷みよ子／作）『くまの子ウーフ』（ポプラ社　神沢利子／作　井上洋介／絵）など。どんな絵本を子どもたちと、これはご家庭でも悩むところですが、その道しるべにとの思いもあっての選択。選ばれた絵本は、その年にこれほど読み込まれるかというくらいにみんなの友だちに。

『いたずらきかんしゃちゅうちゅう』（福音館書店　バージニア・リー・バートン／作・絵　村岡花子／訳）『ちいさいおうち』（岩波書店　バージニア・リー・バートン／作・絵　石井桃子／訳）『おおかみと七ひきのこやぎ』（福音館書店　グリム童話　フェリクス・ホフマン／絵　せたていじ／訳）『もぐらとじどうしゃ』（福音館書店　エドアルド・ペチシカ／作　ズデネック・ミレル／絵　うちだりさこ／訳）『かいじゅうたちのいるところ』（冨山房　モーリス・センダック／作　じんぐうてるお／訳）『おさるのじょーじ』（岩波書店　H・Aレイ　M・レイ／文・絵　光吉夏弥／訳）。実にいろいろです。

二〇一九年度は『がちょうのペチューニア』（冨山房　ロジャー・デュボワザン／作　まつお

かきょうこ／訳）を届けました。この一年、ペチューニアがきっとあちこちに顔を見せて子どもたちの新しい友だちになり、世界が広がっていくことでしょう。

どの絵本も絵本の成人式を通過し、もっともっと広く深くと歩みを進めているものです。よくありがちな「知っている」「見たことある」「一度読んだ」などはご法度、絵本は何度も何度も味わうもの、その度ごとに世界が広がる、それが絵本です。

入園式でその一年の生活を彩る一冊としてお目見えする絵本、今年は何がと、とても楽しみにされています。絵本デビューともなるご家族もいるかもしれませんが、絵本のおもしろさ、もっと出会っていきたいと思ってもらう、入園しての大きな出会いのひとつとなる絵本、絵本の宝箱はそこここにあります。みんなで開いていく、楽しんでいく、次は次はとワクワクする、絵本の中の主人公を友だちのように思ったり、生きる参考にしたり、はかりしれない力を持っているのが絵本です。

数年前の猿年の年明け、西宮でお猿さん騒動がありました。もうこの年の四月は悩むことなく「じょーじ」の登場です。入園式では絵本の紹介というより、幼稚園のたくさんの「じょーじ」を紹介しました。走るじょーじ、跳ぶじょーじ、歌うじょーじ、絵本のじょーじに負けない、園で楽しい日々を過ごすじょーじたちの写真を映像でお届けしました。絵本の場面と合う子どもたちの生活を各場面で見てもらっていく、こんな幼稚園の生活ですよと想像していただく、そんな思いでの取り組みでした。

このじょーじの絵本のシリーズは、H・A・レイ夫妻が作られました。第二次大戦の折、原稿を守ってヨーロッパからアメリカを目指して戦火をくぐり抜けての旅。それがあってこそ今私たちは、子どもたちを喜ばせ、子どもってこうなんだよと大人に教えてくれる貴重な絵本を楽しむことができています。「戦争をくぐりぬけたおさるのジョージ」（岩波書店　ルイーズ・ボーデン／文　アラン・ドラモンド／絵　福本友美子／訳）で、レイ夫妻の絵本への思いを読んだ時、今子どもたちに届けられる宝物、子どもたちと楽しむことができる絵本を心からありがたいと思い、感謝でいっぱいになりました。

人が生きてきたその道筋、生への思いがそこにあふれている、こんな絵本を手にすることができる幸せ、どの絵本にもそこには大切なものが詰まっています。

お話の世界を子どもと遊ぶ

私の保育者人生のなかで幸せだったことのひとつに「絵本の会」があります。絵本に出会ったのは保育者になってからですが、その絵本との出会いが、次へ次へと未熟な存在を押し出し支えてくれてきました。

絵本は「子どもへの祈り」だと思ってきました。

散歩に行くとたくさんのものに出会うよ、「みいつけた！」、発見ってほんとおもしろいね、冒険ってちょっぴりこわいこともあるけれど、すてきな仲間や大人に支えられるよ、空は青く広がる時もあれば、悲しそうに暗くて涙のような雨が落ちてくることも。でもその雨にたくさん贈り物ももらうんだよなあ、どれほど多くのことを子どもに伝えるものでしょうか。「しってるよ！」ハナタカさんも生まれてくる。こんなふうに一人ひとりが世界を広げて、帰ってくる。その子どものために家を守り、しっかりと受け止めて抱きしめ、おいしいごはんを用意してくれるお父さんお母さんってすてきですよね。たくさんの大人たちと子どもへの祈りを合わせるもの、それが絵本です。

子どもたちとの旅は、絵本の世界が広がる旅でした。

絵本、それは「はる・なつ・あき・ふゆ」を一緒に味わい、日本をそして世界を旅し、身近な生き物の生態を教えてくれて、三億人がつながったら行けるかもの月にだって連れていってくれる。事実や現実、そして果てしない想像を支える、多くのものを届けてくれる宝物です。

絵本は年齢を選ばない、それも日々の生活で見ることができました。一歳半の男の子が『三びきのやぎのがらがらどん』（福音館書店　マーシャ・ブラウン／絵　せたていじ／訳）を読んでもらったあと、台に登っては「があがあどんだあ～！」と、胸をたたいて大きなやぎの、がらがらどんになりきっていた誇らしげな顔が浮かび、今もその声が聞こえてきます。いっぱいにこれからも読んでいきたいと思った体験です。

かっての仲間が、松山から坊ちゃんだんごを届けてくれたことがありました。「ハイ、おみやげ」ではつまりません。だんごは「三」、これを楽しく味わうには。『めっきらもっきらどおんどん』（福音館書店　長谷川摂子／作　降矢なな／絵）がピッタリ。お届け物と絵本が両輪となって子どもたちの生活を彩ってくれました。そんな時間がいったいどれほどこれまでにあったことでしょうか。この一冊はその後また違う味わいを届けてくれました。

いつもたっぷり話をさせてもらう絵本の会のうれしさ、そのひとつに卒園しても参加してくださる方がいること、お父さんに小学生にと顔ぶれが豊かなこと、そして最後に寄せてくれる感想メモ、全部が宝です。

新人時代、絵本が毎日の道しるべでした。「なにして遊ぼう」「せんせい、おおかみになって！」「じゃあみんなお家作ってよ」、あまり本気のおおかみになってしまうと「せんせい、もうふつうにもどって」と言われたことも。お昼になってごはんを食べながら「おおかみもきっとごはんのじかんだから、だいじょうぶだよね」とつぶやく子どもも。

どんな絵本も、遊びの世界につながっていきました。『おおきなかぶ』（福音館書店　ロシア民話　A・トルストイ／再話　内田莉莎子／訳　佐藤忠良／画）はかぶをはじめ、畑の野菜に連らなったり、「人間のかぶ」を抜いたりするひととき。『てぶくろ』（福音館書店　エウゲーニー・M・ラチョウ／絵　うちだりさこ／訳）では布の袋やみんなで手をつないで作った輪に入り込んだり、『三びきのやぎのがらがらどん』では橋を渡ったり、『もぐらとじどうしゃ』では自動車を作ってみんなで乗ったり、『ぐりとぐらのえんそく』（福音館書店　中川梨枝子／文　山脇百合子／絵）では、お菓子を入れたリュックを背負って散歩に出たりのたくさんの時間は、語り切れません。

子どもの理解、大人の反省

さてハラハラもしながら四月を終えホッとひと息。五月を迎えてもう安心？　ということはありません。何となく勢いで、つられるようにして門を通り、その一日を園で過ごしていた子どもたち。ハタと気づく、ここを通るということはお母さんと離れることだとあらためて認識してしまう、そして足が止まります。

お弁当、最初はうれしい、でもお弁当を持っていった日はお迎えまでは長いと学習してしまう、遊んで疲れて次の日の朝に足が向かない気持ちになることも。ふとんから出てこない、着替えない、ぐずぐずしてごはんを食べない、そんな姿を少しでも見せるとお母さんたちは、極端に受け止めて「登園拒否」などのことばを口にしてしまうことも。

いろんな日があっていいのです。「今日はちょっとお休みくらい」の気分でいいのです。それが幼児期。あわてることはない、ことばでうまく伝えられないことを身体で表現しているかもしれません。食べて眠って、その生活の応援が一番です。

子どもたちが集団での生活を無理なく過ごしていけるように、園の大人はありとあらゆることを考えて、その生活に無理のないようにと願って工夫します。

新入園、三年保育の子どもたちを迎える春。シールを一人ひとりに決めます。靴箱もタオル掛けもすべての個人のものにシールを貼り、自分のものと覚えてもらう。イスもです。自分のシールが貼られているイスを探して座る、まだ部屋に入ってきていない子どもは誰かな？と大人にもわかるし、違うイスに座っている場合は「ああ、まだこのことが理解できていないな」と教えてもらうことになったり。工夫から「子ども理解」が広がったりもします。

そんなイスで思いがけない出来事がありました。

全体の集まりの場面で、年長の子どもたちが座るためにイスを「借り」たのです。三歳のメンバーには前方で敷物を用意していて、これはイスではない集まりに活用しているものだから慣れているし、心配していませんでした。ところがなかに数人、後方にある自分たちのイスに気づき、自分のシールが貼られているイスを探し出し、座っている姿が。ほとんどのメンバーは敷物に座っていたのですが――。

大人の思いだけでは子どもを誘導できない、子どもの思い、その動きなどこれは実に深いものがある、ほんとに反省しました。少し大きくなると「これ貸してね」に簡単に応じてくれるようになりますが、小さいうちは自分のものだと固執することも多いのが子ども。どれだけ時間を重ねても子どもとの時間は学習ばかりです。

本物を食べる「〜アワー」を楽しむ

五月といえば、そらまめ。あの子どもの手の平からはみだすほどのそらまめ。年に一度は全員がそれを手にして、空に向けて「そらまめーっ！」と声を合わせたい、毎年そう思うのですが、いつもそれがかなってきました。

豆のわらべうたはいっぱいにあります。

「♪えんどまめそらまめ　そらめがでたぞ　えんどまめみっつくっておなかがたいこでおけつがらっぱでぷーどんぷーどん♪」

いっぱいに歌を歌い、そっと開いて「何人家族？」と楽しみ、次に見せ合いとこれほど楽しい時間はありません。絵本もあります。『そらまめくんのベッド』（福音館書店　なかやみわ／文・絵）、ほんとにそらまめのベッドはフワフワだわ。ほかの豆のおうち、ベッドもいろいろだとお話を通して楽しみ、実際に触って楽しみ、味わっていろいろに広がる「豆アワー」。

この「～アワー」は一年のうちに何度も豊かな時間が。最初にそらまめを送ってくれたのは卒園して出身の徳島に戻られたKさん、このベッドの感触を子どもたちにと。そしてほかにもたけのこ、注文してくれた桜島だいこん、札幌キャベツにと実にたくさんの出会いを届けてくれました。三人のお子さんの園での生活が楽しかった、いつも実際のものに触れて、楽しむ。そこに絵本があり、食がありの時間が忘れられない、いつまでもそれをとの贈り物でした。

本物を、みんなで、そんな思いを口にすると応援してくれた多くの存在、そんな力が支えがあっていっぱいの楽しい時間を過ごしてくることができました。

数年前にこんな豊かな場所の仲間になったひとりの新任先生。どんなものも分ける、いろんな分け方を工夫する。譲ることも自然に身に付け、どんな小さなものでもみんなで味わう。

そんな子どもたちに驚き、古くからいる先生に興奮して話すと「じゃあこれから驚くことばっかりの日々だね」と言われたとか。自然に根付いてきた楽しい交わり、それを支える応援隊の存在も大きいです。

さてそらまめに戻って。すぐにゆでてもらって豆を味わった年長の子どもたち。今日はその数が子どもの数とピッタリのようだと感じた子どもたちは、味わったあとに解散していきました。ところが転入してきたひとりの女の子、「おいしい、だからもう一個！」。「おかわりはないみたいやな」と感じて去っていった子どもたちの素直さ、しかし初の体験で「もう一個」と言いにきた素直さ。どちらもすばらし過ぎます。こっそり、少し残っていたのを「西宮にようこそだものね」と渡してあげたのでした。

子どもの心に届けたい

足元に目をやるとそれぞれは小さいけれど、でも大きな宇宙が広がっているよと、たくさんの絵本を通して伝えてくれた甲斐信枝さん。福音館書店のかがくの絵本シリーズに多くの作品があります。このシリーズが単に対象の細かさや自然の豊かさ、知識を描いて見せているだけでなく、幼い子どもたちの心に届くそれぞれの生の物語を伝えていることを思います。子どもたちとどれほど楽しんだことでしょう。甲斐さんが、描かれた作品にその仕事について添えた文章をまとめたのが『小さな生きものたちの不思議なくらし』（福音館書店）。子どもたちとの日々の生活、それは周りに広がる世界との出会いです。毎日毎日、新しく広がっていくそれらに目を輝かせる子どもたち、その目に、心に、答えてくれるのが甲斐さんの絵本の数々です。春の芽吹き、夏の盛り、秋から冬への移ろい。そこに身を潜ませ、時に跳びはねる小さないのち、たくさん楽しみました。

絵本を読む、子どもたちはその時間が大好き。目を見張り、聞き入りそして思わずもらすひとこと。春に出会うたんぽぽ、一度その一生を終えたかに見えるそれは、ある日立ち上がり、そして子どもたちに白い世界を届け、世界は果てしなく広いことを感じさせてくれます。つくしにふきのとう、寒い春から明るい春へと変わる時間の出会い、そんな絵本を読んだ後、翌日にはさっそく子どもが心に映った世界を描いて届けてくれます。この子どもの絵にはいつもビックリでした。こんなにも生の物語は子どもの心に届くのかと思って、心も身体も震える思いでした。

絵と言えば、大事にしまっていた一冊の絵本。かって出版社が作っていたプレゼントの白い絵本に五歳のころの長男が自由に描いたものです。絵本を読んでもらった後に印象に残った場面をそこに。好きだったいくつかの絵本から取り出して描いているなかに、『かいじゅうたちのいるところ』の主人公が船に乗って漕ぎ出していく場面は、一ページではなく見開き二ページにして。それほど印象的だったのでしょうか。

最初は『いるいるおばけがすんでいる』（ウエザヒル出版社）として翻訳されていた一冊、どう読んだのか覚えていないのですが、子どもが「子どもと絵本」を確かに残してくれています。

子どもと過ごすなかで、「とことん子どもでいたい」そう思っていました。そしてそのいのちを守るために「とことん大人でいたい」、そうも思ってきました。最初から十分な大人ではなかったけれど、それは時間が育ててくれ、守ってもくれました。

水村美苗さんの『日本語が亡びるとき』（筑摩書房）に、教育とはという一節があります。家庭環境が与えないもの、市場が与えないものを与えるのが教育。それはイベントや単なる消費ではなく、子どもの生きる希望に寄り添っていくことだと思います。

子どもの心がわかりたいとよく思いました。でもそれは子どもが届けてくれるもの、「先生は子どもを応援する大切な大人だよね」。二〇一九年の春に送り出した一人の子どもが、そんなことをつぶやいてくれました。たくさんの時間が降り積もったことをしみじみ思います。

子どもたちから子どもたちへ

新しい生活が始まった子どもたちに、いろいろな出会いが待っています。生活のなかで口ずさまれるわらべうた、ほかにも歌とのいっぱいの出会い、そして踊ることなど生活が広がっていきます。それらを自然に進められるのはこれまたたくさんの先輩の存在あってこそ。歌の声、踊る姿、どろだんごを作ってみたい、登り棒や園庭の遊具への挑戦、すべて子どもたちから子どもたちへ。子どもたちは伝える力を持っている、そう思います。

そして大人は園庭をはじめいろいろな場面の空間デザイナー、最近そんなことを考えています。いろんな年齢の子どもたち、男の子、女の子、運動が得意な子、なわとびリーダー、ダンスがうまい、砂場での楽しそうなひととき、いろんな子どもたちがいつも自分を発揮できる、みんなでいるのが楽しい子もいれば、自分だけで自由に過ごしている子どももいます。たくさんの遊びの土俵が、自由な時間がある幼稚園。その時間が無理なく流れていくように、空間を守る、少しデザインもする存在は大事です。

子どもたちの生活が落ち着いてきたころ、大学や短大からの実習参加があったり、ずいぶん長い取り組みになっている中学生の職場体験「トライやるウィーク」が行われ、三校ほどから中学生がやってきます。卒園生も多いのですが、園のことは楽しかった思い出しかないけれど、こんなに大変だったのかなど、しょげたりもするようです。終わってから届けてくれた感想に、思いっきり笑ってしまったこともありました。

まず、しんどかったことをいろいろ列挙。「ここに並んで!」がそう簡単に通じない三歳くらいの子どもたち、もう右へ左へと動き回り、中学生の手にはあまります。追っかけても間に合わない。まあ、かわいい絵で大人と子どものやりとりを描いています。歩きたがらない子どもを歩かせようとするけれど、列から出る、座りこむ、いろいろあります。先生だったら子どもも言うことを聞くところもありますが、中学生だからちょっと足元を見ているのかな?　ですね。

「体力さえあればやっていける仕事だと思っていたけれどそれは違う」「実際は頭を使う仕

事だ」「能力が求められる」「疲れた」「そんな大変な仕事なのに先生たちは幸せそうだった」「偉い」「いつも笑顔だった」

とても大事なことを中学生に伝えられたのだと思いました。

まだ入園して二か月、もう少しして再会したら大きくなっていることにきっと驚くでしょう。君たちもこうして大人に見守られながら大きくなったんだよ。そしてそんな君たちが、すてきな先輩として幼い子どもたちの心に届き、映像として残っていってくれたら、何よりです。

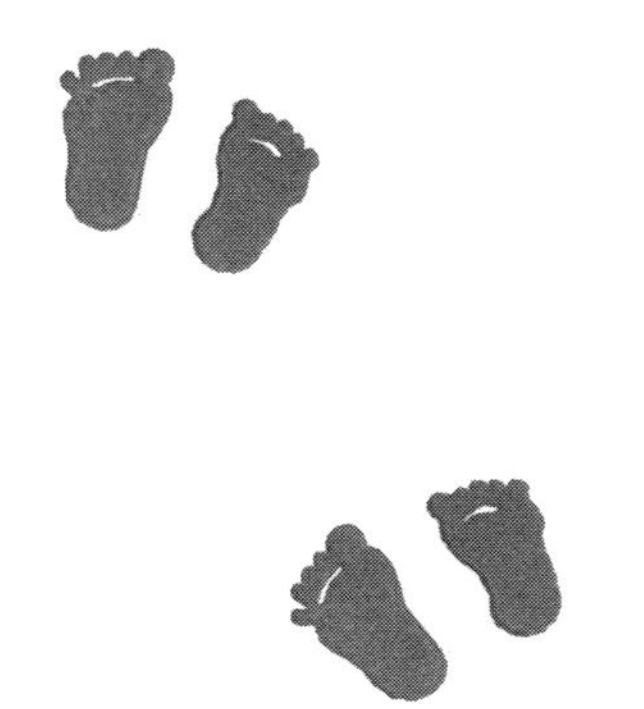

第二章

いのちと出会う

園庭、そこは遊びの宝庫

みかんの葉っぱについている白い卵。そっと採って葉っぱと一緒に保育室のケースに運びました。「蝶の卵を見つけた！」そこからはじまるワクワクの日々。いくつかある保育室で育てられていく蝶、無事に羽化するまで先生たちも子どもたちもドキドキです。

『にわのキアゲハ』（福音館書店『かがくのとも』二〇一六年四月号）の絵本で見たお話は、庭のミツバで卵が三十八個見つかったけれど、そのうち無事に蝶として旅立ったのはわずか一個。これにはみんな驚きます。いのちが出会う厳しさを教えられます。

蜂がキアゲハの幼虫に卵を産み付け、生まれた蜂がさなぎの中身を食べてしまうと知ってからは、この卵からも蜂が出てきたらどうしようと、はじめて卵からの日々を見守る先生は、ほんとに緊張していました。

さて各クラスに持ち帰った卵たち、保育室には成長、変化していく様子、その姿態が描かれたものが貼られていたり、写真での記録や、さまざまな工夫があります。そして時を経て、次々と報告が入ります。

羽がもう大丈夫となったら旅立ちをみんなで見送ります。違う場所で同じような蝶を目にすると「ぼくたちがおせわしたやつだ」と、鼻が高くなり胸を張っています。羽を痛めて飛びにくかった様子の蝶を見送ったあと、同じようなのを目にすると「はねなおったんかなあ、だれかにはねかりたんかなあ」と、思いがけないつぶやきを聞かせてもくれます。

「ちょうちょになってる!」そんな声を耳にして、騒ぎをそっとのぞきにいった小さな男の子、大きいお兄ちゃんに囲まれながら「じゅんこせんせにいいにいかなきゃ」。蝶を空に見送る時に、みんなで作る輪の中にいつもいる私、蝶のことなら絶対先生にと思うかわいい気持ち。大きい子どもに混じった小さな頭。伸びをして上を見上げての懸命な様子に、その日々が、時間が、ことばを育てている、とまたまた思わされるひとこまでした。

しかし先生というのは、いつも思いますが、就職して「子どもたちと生活しながら先生として育てられる」、最初から先生ではない。子どもたちと一緒に育っていくのです。ここは決して間違えてはならない基本の基です。子どもと一緒に驚き、子どもと一緒に待ちこがれ、子どもと一緒に弾む、でもいつも子どもと同じではなく、子どもをそっと支えて、先生という「大きい人」の、その存在があるから大丈夫と安心させる働きも。

ところでこの園庭がどれほどすばらしい場所か、そこに多くの恵みがあることを、幾度か伝えてきてくれたのが菅井啓之先生です。先生には園庭だけでなく実にいろいろな場所で、私たちのいのちとの出会いを支えてリードしていただいてきました。

先生はその日突然に行った場所でも、そこを一瞬に「ホームグラウンド」にしてしまいます。地面も空も、海もすべて続いている、そのなかのひとつの場所に今日、今ここにいるということ、どんな場所もそこで息づいているいのちがあるということ、その信念を根底に持たれている先生、そんな先生との時間です。

特別な場所から特別な発見があるのではなく、生きているその足元を見過ごしてはならない、それが出会いからの第一の教えです

ノウハウの本は多くあります。先生からも自然のなかでの発見のノウハウを教えてもらってもきました。でも、それだけではない。そこにあるものを見る、そこからいのちを感じる、

その大切さを、ノウハウでは伝えきれない「いのちの重み」を、繰り返し繰り返し語ってくださいました。

子どもたちの〝6C〟

ノーベル賞受賞で本庶佑さんのお名前を知ることになりました。その快挙もさることながら語られていた「6C」（好奇心・勇気・挑戦・確信・集中・継続）、ご自身の研究への姿勢やこれまでの道のりをそう表されたようですが、これは子どもの毎日そのものだと思いました。

たとえば、土だんご作り。何やってるんだろう、作ってみたいな、そんな好奇心を持つ、思い切って勇気を出して「つくって！」「じぶんもほしい」と大人に言ってみたり、あるいはそっと土を握ってみる、そんな姿がよく見られる

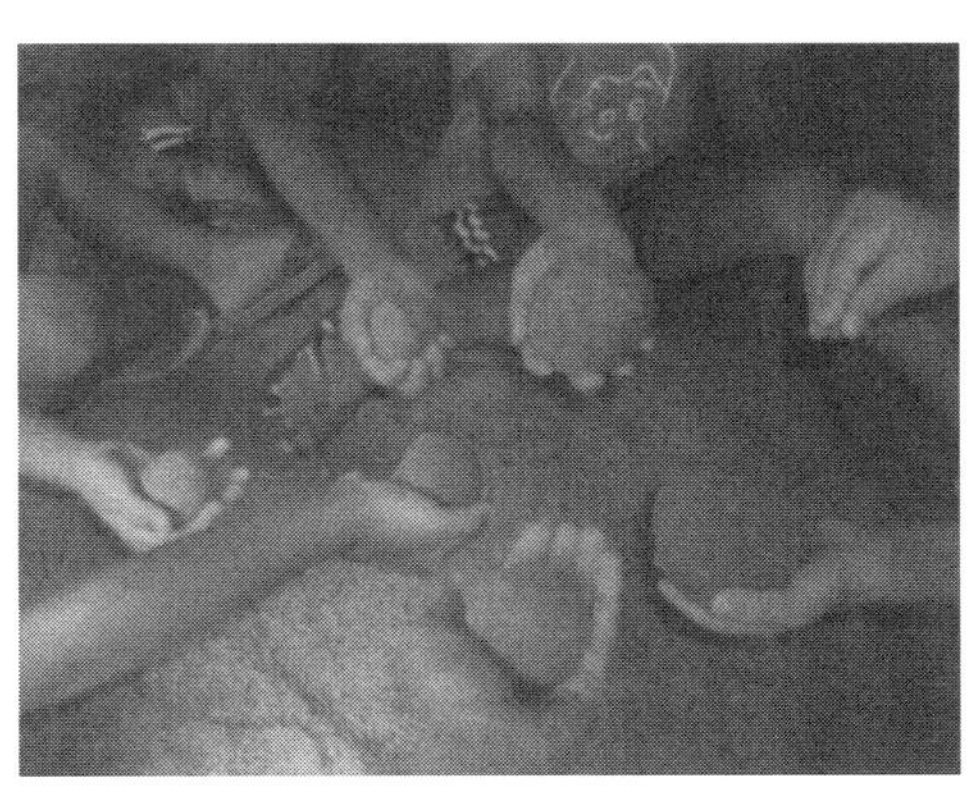

のが最初のころです。

気づいたら、だんご作りの定番の位置に陣取っているのは、新参者のはずの一番年少のクラス。動機はこんなふうに次につながります。すでに作れるようになり、中堅どころになったメンバーはその場所を明け渡してくれています。ほかにもだんご作りによい場所を探す力が育っているのです。

最初は居場所を見つけられなかった子どもたちが、「見る」「関心を持つ」「やってみたいと思う」などを経て試行錯誤を繰り返しながら、形を作りあげていく。そこには勇気がある。そして飽くことなく挑戦を続ける。そしてできるという確信を持っています。どうしてここまで集中できるのでしょうか。なぜ、こんな幼い子どもが自分の最初の思いを継続させて、それを持ち続けることができるのでしょうか。

子どもたちが最初に足を踏み入れ、見回すけれど、どうしていいかわからない思いも持つ園庭、しかしそこは子どもたちの好奇心をくすぐり、世界のノーベル賞をも超える「6C」を凌駕するほどの場所であり（言いすぎかもしれませんが）、子どもたちを前へ前へと押し出すところなのです。

登り棒がそこにあることに気づいたり、子どもはそのほかにも生活していくなかでいろいろに取り入れ、それを広げていきます。コマやけん玉など種々の遊び、子どもたちの生きる姿、そこに「6C」のすべてを見ることができます。そして子どもたちの日々が支えられていくように環境を整えていく、大人の存在も含め考えさせられることです。

また、環境が整えられていると、見る、気づく、そして憧れを持ち、必ずやってみようと思う遊びのひとつに、なわとびがあります。まずは長いなわが揺れ動く「へび」、それを越えるところからはじまるおおなわとの出会い。場所、そして人、時間——子どもたちが育っていくのに欠かせない要素です。

見て！　できたよ！

子どもたちのいろんな一歩があります。Iちゃんから「みてください」と言われてみんなで応援に行くと、登り棒への挑戦を無事にお披露目してくれました。ちょっと興奮したKくんが腕を引っ張ります。「この間見せてもらったよ」と言うと、それは鉄棒の逆上がりだと主張。次に向かっていたんだ！　そして応援しました。

横から私の左手を両手で持ち、ずーっと叫んでいる男の子がいます。大人と話をしていても、必ず子ども優先なのですが、「鉄棒を見てほしい」とSくんが必死で訴えているのに、つい気がつきませんでした。自分の対応の遅さをさておき、彼の必死に訴える様子に、もうびっくり。ここまで自己主張できるようになっていると感動しました。

いろんな子がいます。「みてください」とか「できた!」と知らせに来ることが大きなハードルになる子どももいます。そんなそれぞれがおもしろいのです。

これまでも忘れられない、そういう場面はいろいろにあります。

みんなに押されてやってきて、「ひとりでいけ」と言われてまた戻り、友だちに相談。その時の友だちのことばは「ここからはおまえがひとりでいくんや。おれたちにはどうもできない」。そこで彼は意を決してやってきたという、そんなこともありました。絶対に越えなければならないとは思っていませんが、ちょっとしたそんな子どもの思いを、一緒に感じることができるのは幸せです。

未就園の子どもたちとの時間に、久しぶりにエプロンをつけて演じる八百屋さんになりました。小さい子ばかりでしたので、ポケットに隠れている野菜を順番に見せて一つひとつを楽しく、胸のところに張り付けていきました。増えていく野菜に目を輝かせています。その日、もう少し年齢の高い子どもたちとわらべうたで遊び、そして「今から順子先生は八百屋さんになりまあす」と言うと、何と聞こえてきたのは「やおやさんてなあに？」でした。○○屋さんなんていつまで通用するだろう？　エプロンは三十年以上も働いてくれて、ポケットの中から出てくるものをみんなで見つめて楽しんできました。私の十八番なのです。でも今年も出ました。「やおやって？」、「みんなスーパーに行くよね、そこのお野菜売り場でーす」と言って、さりげなく次へ進めていきましたが、いつまでかなあ、ずっと思っていたのです。時代の違いを突き付けられていっています。

リーダーシップと努力

ある女性歌手の曲が心に残りました。

「あなたがそこにとどまるから溺れる。困ったことがあったら溺れないために勉強せよ。リーダーシップに乗っかって自分が努力する」

そんなふうに意味を教えてもらいました。リーダーシップというのは船なんだ。印象深い出会いでした。

自分の生き方にピッタリ合っていると思いました。焦らないけれど、でもとどまらない。考える、行動する、ひたすら学ぶ、教えを乞う、共闘する仲間を探すなどなどのこれまでした。そしていつもリーダーであるようにも思われることが多いけれど、実はいつもすてきなシップが、そんな存在が、場が確かにあった、恵まれていたのだとも思いました。

子どもを喜ばせたい、明日への一歩を応援したい、惜しみなく努力をしてきました。努力したのは、いわゆる能力、子どもへの力があると自分では思っていなかったからにほかなりません。

「寝ないで考えた」などとよく口にしましたが、寝ないわけはないけれど夢のなかでも考えていたようなことは、いっぱいあったように思います。反省も怠りませんでした。振り返りです。今日のは何点くらい？　と聞かれたり、評価していただいても、自分ではひたすら反省あるのみ。

やったね、と思えるのは、その後の子どもたちの時間で思いがけない場面を目にする時。いろいろと「火付け」をするのですが、ある冬のひととき。あやとりを楽しんでいる子どもたちにと手品を数点。よく知られているのには、片手の五本の指にかけたひもが、スーッと抜けて一本になっていくのなどがありますが、それが十本の指というのも。

お話しながら突然蚊が飛んできました。「大変、ぱちっ！」「あっまたこっちにも」とあやとりの技での蚊の退治。そんな作品を作って見せるだけでなく、対話をしながら子どもたちも巻き込んでと楽しみます。

驚いて笑って「もっと」とのアンコールに応えて満足。事務所に戻り仕事をしながらも、「うんうん」と満足。次は何を仕込もうかなどと、ほくそ笑みつつ机に向かって仕事をしていると、どのくらいたったころでしょうか。数人の年長が手に手にあやとりの毛糸のひもを持って事務所の入り口に。何か自慢しにきたのかなと思って戸口のところに行くと「パチン！」。まあいっぱいの蚊の登場、そのドヤ顔たるや。いやあ、やられました、実にかゆかったことでした。「見て取り入れる」、子どもだからこその力です。

子どもの体調

六月は暑くてうんざりというような日もあれば、毎日がさまざまで、特に幼い子どもにとっては小さな身体で日々、柔軟に対応していくのはむずかしい季節です。この時期になると疲れも出ます。全員出席も減ることが多くなります。かわりばんこで、発熱に、おなかがゆるい、吐き気、咳など、ひどくはないけれどいろいろな症状が出てきます。急な痛みで中耳炎とわかり、ビックリなんてこともあります。早期発見と対応で悪化しないように気をつけていかなくてはいけない季節です。

前夜に熱があり、翌朝下がっていても無理はしないでとお願いします。「行きたがるので登園」ではなく、「今日はこうだから」と話して、〝急がば回れ〟で子どもの体調に注意です。朝の登園時に、顔が何かほてっている、ちょっと汗かいてるなあと思った子どもがあまり動かないので、これはと思い手を取ると熱い、そのあと熱があがっていきました。一瞬たりとも気を許せない、要注意です。

この「子どもの雰囲気」を見るということでは、大いなる学びがあります。

もう二十年以上も前、雪山遊びの日のことです。広いところでのそり遊びの時に、ひとりで滑り降りてきた子どもが、口をとんがらせて「なあなあ、Nちゃんなあ、なにいうてもだまってんねん、いつもならわらうのに」と言ってきました。その方向を見るとNちゃんが雪の地面に何か描いています。「ふーん」と思いつつ、やっこらしょと坂を登り、そばに行って顔を見て驚きました。「赤い！」、その時点で三十八度近くになっていたと思います。「ねえねえ、へんやねん」、そう仲間の子どものことに気づく、思う、伝えに行く、こんな子どもの姿に教えられました。何か変やなあ、いつもと違うなあ、そういうことに気づいていくことの大切さを知りました。

あわてない、順番を守る

なわとびという遊びに出会って二年、三年が過ぎたころ、ひとりなわとびを千回カウントしてもらうくらいに（だいたい二十分ぐらい）、うまくなっていく子どもも出てきます。ひっかからないことが課題なので、必ずしもうまくは運ばないこともあるこの「千回を越える」です。

毎日コツコツと跳んでいた女の子がついに達成、ほんとにうれしそうでした。あとでお母さんから聞くと、「無理しなくていいよ」と言ったら、「そんなこといっちゃダメ、なにがなんでもがんばってらっしゃいといってくれなきゃ」と返したそうで、お母さんは我が子の成長と、その持続する思いに驚かれたようでした。

さて、彼女は願いをかなえたわけですが、そのあと三学期になってから一番思い出に残っていることを描くことになった時のこと。千回跳んだ時の賞のことを思い出しながら「あかなわをもらったこと」と言いながら画用紙に描いていました。

そして色を塗る時に何となわは白い色に。「えっ⁉」という表情の私に彼女は、何てことなく言いました。「しろいじぶんのなわで、とんでとんでとんだから、あかいのをもらえたんだよ」。だから白！　努力の賜物はその白いなわにこもっている、子どもに負けた！　そう思った出来事です。好奇心ではじまったなわとびは、何より心を育てていました。

その女の子の様子がほかにも記録に残っていました。年長のみんなが園庭でなわとびをした日のこと。片付けて保育室に入ることになり、子どもたちはどんどんなわとびをやめて、なわを結び、所定のかごに入れていきます。その時、少し離れていたところでなわとびしている彼女の姿がありました。片付けの場所から順に人が去り、その場に余裕ができたころに、跳ぶのを終えてなわを片付けて、あとについていったという内容です。大人は子どもの心を読まずに、「ほらいつまでも跳んでないで片づけなさいよ」と声をかけかねません。

あらためてその記述を読み、子どもの「周辺を読みとる力」、そして「私たち」としての成長に感心しました。

個人的な思い出ですが、小学生のころに友人が靴箱のところで押されて転び、その後長いこと骨折の処置で腕を三角巾で吊っていた映像が心に残っています。この体験を通して、押し合わない、どんな時もあわてない、子どもを危険から守るために、子どもへの指示を大事にしてきました。なわとびの育ちはなわとびだけにあらず、回りを見る、順番を守る、殺到しない、急がなくても大丈夫など、大人は子どもの生活のなかで大切に伝えなくてはいけないことが多くあります。

分けることから心がつながる

幼稚園にはいろいろなモノが届けられます。旅のおみやげだったり、春にはタケノコ、そらまめなど、夏にはスイカやくだもの、秋も栗や柿などの収穫物だったり。時には毎日のように日替わりでお届け物があったりすることも。

いただいたものをいかに有効に活かすか、これは私の信条です。どうしてって？　それはモノというだけでなく、そこには思い、心があふれているからです。でもサクランボやメロンのような大人の顔が輝く高級食材でも、好き嫌いはあったりするのです。とにかくその時間、空間のなかで出会いを楽しんでもらう、学年が進んだら好き嫌いなども変化していたこともあった、そんなことを大人が気づき、喜ぶことが大切です。またどんな食材もそれをテーマとした絵本があり、子どもの世界を広げていくことができる。畑からの収穫もそうですが、お届け物もいっぱいの新しい時間を生み出してくれます。

そして「分ける」、この動詞もあふれているのが公同幼稚園の日常です。

三歳児が入園したばかりのころは、その三歳児をはじめ各クラスで分けますが、少し時間が経って子どもが育ってくると、全体での時間も試みていきます。十グループになるのに、三歳は何人、四歳は何人と、五歳の子どもたちが数えて構成していきます。

この「分ける」で、とても心豊かになる出来事がありました。おかきの袋だったかをグループごとに受け取り、相談して数を分けて食べている時に、見て回っていた実習生に「ひとつあげようか」と、ひとりの子どもが声をかけたそうです。実習生が「おいしいだろうからみんなで食べたら」と答えたら、「おいしいからたべてほしいなとおもったんだ」と返してきたとのことでした。分ける、それは心がつながることです。

年長が幼い子どもとグループを組む時は、その幼いメンバーを最優先に、数が余る時は幼いその子たちに分けていきます。ある時、年長だけでぶどう五房ほどを味わうことになりました。全体を五グループになるように工夫して、そのグループごとでひとりに何粒になるのか任せます。順に取っていく、誰かがさっとリーダーになりその采配でみんなの前に置いていく、数が余った、ジャンケン勝負のグループもあれば、「どっちどっちえべっさん　えべっさんにきいたらわかる」と歌って、当たった子どもがもらえる、など見ていてほんとに楽しかった。どの子もそれぞれに真剣な様子に笑いがこぼれる、そんな分配の様子が見られました。

プール遊びもひと工夫

公同幼稚園のプールは二階にあります。一九七〇年代後半に購入設置された幅３・５メートルぐらい、長さ５・５メートルほど、深さは60センチ、この夏の遊び場は、暑さが厳しくなってきたここ数年、これ以上活躍するかなというくらいの貴重な空間です。

足元に水を流す、いやその前に水のない中にちょっと入ってみて、そっと歩いてみることもある、そんなふうにしてこの場に慣れていくのですが、傷んだプールの底を貼り替えたことがありました。製造販売のヤマハの方が相当に感激されたほど遊び込まれてきた場所。ここでの時間をいかに楽しく過ごすか。水が大好き、まあまあ好き、水はいや、嫌いではないけれどほかに人がいるのは困る、誰か動くたびに水が自分にかかってしまう、それがいやなどまあ、さまざま。

そのなかで工夫して楽しむ。まずは子どもの水の好き嫌い度の把握、行動力の差をつかんでおくこと。そのうえでここはモノに限る、というわけでいろいろグッズが工夫されているのがプール。そのモノのひとつにスーパーボールがあります。プールにいっぱいバラまく、歓声とともに必死で集める。ボールの魅力には逆らえないと身体が動いてしまう子どもたち、そこで小さな洗面器のようなものを浮かべて、集めてねと声をかけます。ところが気づくとその洗面器に水も入り、ボールが流れ出ていく。それでも必死で集めるのは三歳から四歳。はたと気づいた年上の子どもたちは、洗面器に水が入らないようにそちらにも気を配りつつボールの収集です。

幼い子どもはふたつは同時にはできない、どこで気づくか、そんな様子を楽しみながら、小さなかごに替えたりもします。しかし今度はかごをしっかり持っていないと沈んでいきますから、片手で持つ、片手でボールを取る、洗面器のように浮いていないから両手でボールを、ということはできない。すぐにそんないろいろなことに気づき、行動していく子もいれば、集めることに必死でうまく次へと広げていくことができない。いろいろ試行錯誤もありながらの遊びの様子です。

そんな遊びの工夫を通して日に日にプールという場所に慣れていく。私たちは遊ぶ様子を見ながら子どもたちの到達度というか、年齢ごとの力を見ることができますから、メンバーを工夫してみたりして、遊びを少しでも楽しく長続きするようにして、力を広げていってもらう、遊びながら学ぶ、大事な時間です。

前年からの一年を感じる大切な時間にもなるのがプール。

このプールで十数年楽しんできているのがプールでの親子わらべうた、大人も濡れてもよい準備をして一緒に入ります。大好きな「♪おすわりやす〜」もお母さんの膝は水の中。「♪うみにつけてドボン〜」の歌に合わせて、ほんとにドボン。「♪おふねはぎっちらこ〜」だってほんとにぎっちらこ〜です。夏の最高の時間です。

暑い時に水に入るのはほんとに楽しい。それにしても一緒に楽しむお母さんたちの姿勢、前向きの様子はほんとにすばらしい。全身、水に浸かれるように完璧に準備して、子どもたちに負けないリアクションに楽しい声、水を掛け合うところはもう子ども以上。送迎などの折に、いつも顔を合わせていて年を追うごとにしっかりつながっていっているお母さんどうし、遊ぶ仲間としても不足なしです。

このプール、そしてたっぷりの水は、脳性麻痺などで手足をはじめ身体が不自由な子どもにとって、最高の心身解放の時間です。腹部に手を回し、抱いて一緒にずずーっと水に浸かります。よく耳にして遊んでいるわらべうた、その歌とともに揺れたり前進したり、船になったりと遊びを進めていくのですが、笑顔満開の子どもにこちらも心がほぐれる大好きな時間でした。どれくらいの子どもたちと水の中で過ごしたことでしょうか。夏の大切な思い出です。

子どもの興味はつながっている

庭自慢を子どもたちにも、その方面に出かける時はぜひ通りかかってほしいと声をかけます。年長にはこれを！　とお誘いするのがビックリグミ。ビックリ！　する大きさ、そんな果実との出会いを楽しんでもらうのですが、自慢は何種もある紫陽花。花の大きさも色も形状も違うのを見てもらったり、同じころに満開はラベンダー。実は自慢の裏庭はお世話というより庭の自然の力にお任せなのです。

一年の終わりのころにひとりの先生が「このクラスで過ごすのももうすぐ終わりだけれど、何かしてみたいことある？」と聞いたそうです。思いもかけないひとことだったのが「じゅんこせんせいのおうちにいきたい」。

ほんのわずかのひととき、押し込まれるようにして「おじゃまします」と入ってくる子どもたち。冷たいものを味わったら、追い出されるようにして「おせわになりました」、そんな時間ですが、日頃のつながりに味を加えるような、そんな空間は心に届くものがあるのでしょう。

それはそれはということですぐに企画。飾られているおひなさま、その季節の絵本との出会い、つぶやきが世界を広げました。

ある時散歩の途中に少し時間の余裕があったので、「きっさてんにいこう」と子どもたちに声をかけました。我が家にちょっと寄ろうと思ったのです。すると男の子が小さな声でそばにいる先生に困った顔で「おれコーヒーのめん」と言ったそうです。「きっとジュースもあるよ」でホッとした顔になったとか。

我が家に来るにはいくつか坂があります。坂を見ると一度来た思い出がよみがえるらしく「じゅんこせんせのとこにいくの?」と目が輝くのだと、幼い子どものことを聞かせてもらったことがあります。

年長になると認知能力が広がりますから、この道は〜、ここをこう行くと〜などつながっていきます。どんなことからも、子どもが見えてきます。

六月は毎年たくさんの蝶を見送ります。

不思議があふれ、そして楽しいそれを振り返るのにすてきなお話が。『はらぺこあおむし』(偕成社　エリック・カール/作・絵　もりひさし/訳)です。この大型絵本、そしてあおむしのぬいぐるみ、また歌が流れるCD、これらはこの季節大活躍の働き手となり、子どもたちの前に登場します。

また月曜日から順に食べていくものや、最後に美しい羽根を広げる蝶などがフェルトで作られて、ボードに貼っていくという遊び方も。

絵本では次々、曜日ごとに食べ物が紹介されていきますが、この絵本が大好きな子どもたちは「次は何かな」と問われて、りんごから続く果物や、最後に一気に並ぶ食べ物も間違いなく歌いながら指示をしてくれます。

蝶を育てる、旅立ちを見守る、それはお話を楽しむことにつながっていく。園の中で続いて、そして広がっていく物語と、子どもの生活はしっかり結びついています。

毎日は続いている、蝶との出会いも葉っぱの裏の小さな白いたまごを目にするところから、それはそれは多くの道筋が続いています。教えられて新しい葉っぱをケースに入れていくことも楽しんでいきますが、何より「のぞく」こと、そのことを毎日続けている子どもたちです。だから少し変化があると見逃しません。

毎日はつながっています。前年の秋に植えたいちごの苗、冬もいちご畑は散歩のコースにしっかり加わっていました。そんな生活に絵本があり、季節を届けるわらべうたがあります。どんなこともつながっているから、気づき、関心を持ち、取り入れていくのですね。

生活空間の広がり

畑への「はじめの一歩」を応援してくれた先輩たちのおかげで、入園した子どもたちの世界が広がります。

食育ということばで子どもたちの生活について、畑の存在について尋ねられることが多いですが、このことば、あまり好きではありません。子どもの世界を表現するのにすぐに作られていく「〜保育」などのいろいろなことばも、あまり好ましく思っていません。

食という文字について、『漢字はうたう』（あかね書房　杉本深由起／作）で心動かされる文章を目にしました。「食べるって人に良いってかく　それはからだに良いからじゃ」、ほんとにそうです。だから、食べること、それもみんなで一緒に味わうこと、それを大事にしたいと思ってきました。

みんなで食べるとおいしい、畑で摘んできたサラダ菜、しその葉、さつまいものつる、何でもおいしい。のびる焼き、もう一枚もう一枚と手が伸びます。いちごを嫌っていた子が、幼稚園の畑で冬を越したいちごに魅せられ、その甘さにはまって、どんな小粒でも、形が悪くても、取り合いをするという場面を毎年目にしてきました。川沿いを歩いて、川で暮らす生き物、さかな、鳥、かめやすっぽんなどに出会う。川の壁を彩る、春はたんぽぽに始まり、次々に色が移ろっていく植物に目をとめて畑へ。

その畑での至福の時間を過ごしていくなかで、いちごのランナー摘みも上手になり、草ぬきも競争したりする。仕事しているとか手伝っているなどではなく、すべて大きな楽しさになっていきます。いろいろなものが生み出されていく畑が、とても好きな場所になり、植物が育つには大地と太陽と雨、そして忘れていけないのは見守ることと教えられると、「ふゆだって、はたけどうなっているか、みにいかなきゃ」と子どもたちからの声を耳にし、畑が子どもの心のなかで占める大きさに驚きます。

ひまわりの背の高さに目を見張り、いもの苗がいつの間にか葉を茂らせ、「いもがもりになってる」、畑に入った瞬間に口から出てくるそんなことば。お彼岸にはその季節の色を届ける彼岸花も満開になる畑。いろんな色を届け、食べることにも挑戦していこうとしていく

勇気、後押ししてくれるのが幼稚園の畑です。

その畑ではカエルに出会い、秋にはこおろぎも出迎えてくれます。いもほりをするのに葉っぱをめくっていったら、一斉に飛び出す虫に驚いた。そのあといもほりに夢中になっていた女の子、「いもさがしてたら、いきなりでてきたから、つかまえちゃった」とその手にはこおろぎ、そしてちょっとどうしていいかわからず困った顔、さつまいもを収穫する、それだけが目標ではありません。いろんな出会いを楽しむのが子どもたちの毎日です。

虫は嫌いだし、幼いころから経験がないと尻込みする方々も多いですが、子どもと一緒に楽しむ気にさえなれば大丈夫。私も虫とは縁のない幼少期でしたが、子どもたちの楽しむ様子に少しずつ世界が広がっていきました。

だんごむしだって仕事として出会ったのですから、何歳からでもはじまる虫との時間です。

学びの芽

六月は毎年、年長組が宿泊保育という大きな取り組みをします。

その日を迎えて、出発前に園庭でアゲハ蝶の飛び立ちを見送りました。そして「次は年長さんが今から飛びます！　行ってらっしゃあい」と子どもたちに声をかけました。すると「えっ！？じゅんこせんせいは？」と年長さん。「一緒に行くよ」「ああよかった」との安堵の顔。元気出ますねえ。その飛び立ちが次につながっていきます。

その元気を糧にバスの中でも楽しませてもらいました。尋ねるとどんどん挙手していく子どもや、「おっ！やっと出てきましたね」と思う、すぐには「のってこない」子どももいます。とにかくみんなから引き出す、そのためには自然に出てきたくなるように、そこまで待つ、ひたすらがんばる、これが私の方式。

この日は思いがけずに蝶の旅立ちを見送りましたので、そこで「飛ぶ」というキーワードでの問題。みんなもなわとびで跳ぶけれど「飛ぶ」ということばからいろいろ考えてみよう！です。生き物もいいな、でも思いがけない「飛ぶ」が出てくるといいな、しゃぼん玉、おおすごい。飛行機、ロケット、そうそうそうなのよ！　どんどん世界が広がっていきますね。「つち」、まあ、確かに。

てんとうむしにかぶとむし、それ以外にもバッタなどとどんどんことばにしていく子どもたち。恐竜も出てきます。とうもろこしも、いやはや「ほんとたしかに、はぜるわね」。たんぽぽの綿毛、いいですねえ。カラスノエンドウも出てきました。あの豆は黒くなると、さやから出て飛ぶのです。みんな絞りに絞ってくれました。朝の蝶の旅立ちを見送ったところからつながっていった時間、よかったです。

子どもたちとの会話から生まれてくるこんな時間が大好きです。もし少し違った答えを言ったとしても、その答えからうまく次へ導いたり、それはちょっと違っているかもしれないと修正したりもできます。

考える、発言する、まだ何かあるかと考える、ほかの人の答えから新たに連想するなどの姿勢が大事。学びの芽はこういう時間にあるのではと思って、いつも楽しませてもらっています。

車窓から栗の木々、白い花が見えます。山の緑、川の流れ、田植えが終わっている田んぼ、そんな光景を見ながらバスは後川小学校に到着します。

着いてからの子どもたちの、トイレに行く、自由に遊ぶ、綿畑やお寺の方へいざ出発などの行動が素早い、まあ見事です。そんな行動の素早さは、そこから先のいろいろな活動のところでも見られました。育ちを感じる非日常、子どもとの生活二日間。これは子どもだけではなく、大人にとっての大切な時間。

子どもたちの歌声に反応して次々に出てくるホタルは、光って光ってみんなを出迎えてくれます。子どもたちの時間を、成長を祝っているような黄金の輝きでした。六月の夜にはホタルを見ることができる、そう地元の方から聞いて実現した「六月の宿泊保育」の時間です。

「時計」で時間を学ぶ

時間とか時計についてなど、一緒に考えてみることがありました。

「あとどのくらい」と聞かれて「あそこの時計の長い針が動いて〜までいったくらい」などと丁寧に言うと「ああ、○じ○ふんね」なんてことばが返ってきて、「なんだわかってるんだ」と苦笑。

でも大きくなっていても感覚でとらえている子どももいます。「あとどのくらい」をつかむのに「○○のクラスがおべんとうたべるじかん?」、小さい子は食べる時間が自分たちより少し早い。それで考えてみようというのでしょうか。

画用紙で作った時計で話をしたことがあります。

細かい1分ごとのしるしをつけておき、「1分」を動いた針を見て感じます。

5を通過し、ずっと針を動かしていき、一周して12まできたらと尋ねた時に、元気に「じゅうにぷん!」との答えが返ってきました。いっぷんだからじゅうにぷん!

しかし気づいたようで、何と「いちじかん」と答えが修正されたのですが、その時の本人の言い訳というか、「じゅうになんていうからやん」のことばがかわいかったです。

昔は時計がなかったんだって、どうやって時間がわかったんだろうねと聞くと「けいたいでんわがある」との元気な答え。そこから今の自分たちの当たり前に身の回りにあるいろいろなモノは、いつできてきたのだろうなどを一緒に考える。「ふるどけい!」なんてことばも出てきて、そこで大合唱でひと息。

「時計」というものはないと言ってもなかなかピンとこない、懸命に考えていろいろなことばを紡ぐ子どもたち、こけそうになるような発言が飛び交い続くなかに、「おひさまがでる」。おおすごいとほめるとそこから一瞬に方向が変わっていく。「あさがくる」、喜ぶと「ゆうがた」「ひがしずむ」「くらくなる」などに気づいていく。こんな時間が好きでした。

子どもたちはいつも身の回りから感じています。目を見張り、耳をすませ、自分の周囲といつも対話をしています。

そんな子どもから私たちはいっぱいに感じ取ることがある、それが毎日。その点の毎日がつながって線となる、一分が一時間に、次に一日に、一か月に、そして一年。たくさんつながってできた線、時間が降り積もったもの、それこそが子どもの成長です。

雨の季節、雨の恵みを感謝はするものの七月に入ると天気が心配になるのが「七夕」。街に笹飾りなどの大切な風景が広がります。たなばたのお話を聞くことから、空を見上げ、少し「ほし」にも関心を持つというふうにまた子どもたちと楽しみたい、新しい世界が見えてきます。

いつも天気でということはなく、しとしと雨だったり、突然の雷雨に驚かせられたり、いろんな天候で出迎えた毎年の「たなばたまつりほしまつり♪」のその日でしたが、二〇一八年の七月は西日本豪雨に各地が見舞われ、西宮は四日も警報がという思いがけない日が続いたのでした。六月に地震もありました。そこからまだ一か月も経っていません。

思いがけない出来事との遭遇、その後もまだまだ不自由な生活をという地域もあるのではないでしょうか。

さて楽しみにしていた一日。買い物のできるお店や、いくつかのゲーム、食べ物も用意されていた「たなばた」でしたが、雨で見送ることに。そして週明けの登園の日となりました。

残念だという様子より、雨が止んで幼稚園に来れる、みんなと遊べる、そんな顔が次々と元気にやってきました。子どもというのはいつだっておとなに「至福」を届けてくれる存在だと元気をもらいます。

だから、できる限りのことを！　です。遊べるコーナーがどんどん用意されていきます。いつもと違うのは景品があること、遊びのコーナーは園舎のいろいろな場所に店開きされていることです。「つぎはあっちにいこう」「まだなにかあるかな」、忙し気に楽しく走り回る子どもたちでした。

雨が何日も続いた、そして楽しみにしていた行事もなくなった、でも大丈夫、先生たちは絶対に子どもの今日を、楽しい時間を用意されるだろう、そう思って朝に家を出て、そして笑顔の門での出迎えのなかに送り出した。間違っていなかった、迎えに行ったら満面の笑みで「たのしかったあ」と園舎から出てきたと教えてくれました。

信頼関係あってこその、子どもの生活を作り出す大人のありようを思います。雨もあるし、汗もしたたる暑い日も。いろんな日がある、それが時間です。

緑のお客さま

夏休みの間は次々と「緑」に出会うことが多いです。思いがけないモノもありました。ひょうたん、とうがん、緑のマンゴー、アボガドの大きめのもの、ズッキーニなども。

子どもに見せたい！　二学期がはじまるのをどれほど心待ちにしていたか。

子どもたちの前に並べて、みんなの、期待にあふれるまなざしを感じながら、さてどんなふうにと思った瞬間に、口から出てきたのが「きょうは緑のお客さまをお連れしました」でした。

大きなすいかを一番最初に目にしたのは、北陸道の小矢部のサービスエリアです。持ち帰り、夏休み中に冷蔵庫に入れておいたら、冷蔵庫を開けて、もうびっくりしたとの日直の先生のことばに大いに気をよくします。

その後、縁があって鳥取で作られている大栄すいかを、夏の終わりに分けていただくようになりました。十年を越えます。ある年は百キロを目指して育てられた大物にも出会わせていただきました。

そんな大物も加わっての「緑のお客さま」だったのです。いっぱいの仲間入りの「緑」を見る、感じる、たしかに！　と思う、遊んで触って最後には味わうのですが、緑といっても実にさまざま、野菜といってもまあいろいろある、こんなに形って多様にあるのか、すべてが遊びのなかでの学びです。

子どもたちと「そこにあるもの」をどう感じるか、活かすか。それは実物との出会いがあったこと、そして何より子どもを驚かせたい、今日も明日も楽しいと伝えたいとの願い、これは子どもがいたからこそです。

色や形は実にさまざま、これが伝えたいテーマのひとつでしたが、このことが実現していったのにはいろんな応援がありました。モノが届く、ただそれだけではなく過ごした時間が人の心に残る、そのことをとてもうれしく思ったことがあります。

台北への転勤で日本を離れられたご家族がありました。街を歩いていて本屋さんで一冊の絵本を目にした、どうやらすいかのお話らしいそれは『小老鼠種大西瓜』。すぐにお母さんは日本で過ごした時間のなかで、夏休み明けに七十キロ、八十キロ級のすいかが台車に乗って運ばれてきて、毎回違った形で子どもたちに「あっ！」と言わせていたその驚き、楽しさを思い出したそうです。

本を購入して何とか読んでみた。一匹のねずみのところに手紙が届きます。するとねずみはすいかの種を蒔いて育て、収穫したら仲間の動物を呼んでみんなに振る舞った、ねずみは一口も食べなかったけれど、きれいに実のなくなった皮で船を作り、「たんじょうびおめでとう」と旗を立て、その船を漕いで友だちのところに行ったというお話です。

絵本と、「こんなお話では」と訳を添えて送ってくれました。すいか、大きさ、届けられる、いころになると子どもたちと一緒に味わう貴重な一冊です。すいか。暑い季節、すいかがおいしそれだけのことでなく、過ごした時間がどれほどそれぞれの心に残るものなのか、またたとえ離れても相互の思いはその後もそれぞれの力になるのだと思いました。何より私たち大人に勇気を与えてくれるものでした。

『100かいだてのいえ』（偕成社　いわいとしお／作）のお話を楽しんだことがありました。「もし一〇〇階のお家見つけたら教えてね」、読み終わって絵本を閉めながら言ったそのひとこと。このご一家が台北で出会った「台北一〇一」、それはそれは、子どもたちは興奮したとのことでしたが、「順子先生に言わなくっちゃ」、まずそう言って飛び回る子どもたちの様子を書いてきてくださいました。お母さんの手紙には、こんなことばが添えられていました。「人生は開けてみなければわからない玉手箱みたいなものですね」。一緒に過ごしたからこその思い出です。

工夫したい、努力したい、そのことをしみじみと思う出来事が、でした。

いつでも行ける、手伝う場所

「めっちゃおもしろかったわぁ〜」、大きな声でそう言いながら、汗びっしょりで事務所に、バンダナや腕章を返しにきてくれた小学校三年生の女の子。土曜日のお手伝い隊に志願し、役目を終えて元気に戻ってきました。

お手伝い隊、時に「遊び隊」かと思うようなメンバーもいますが、小学校の休みの土曜日、幼稚園の保育のある日なら参加することができます。多いと三十人くらい、だいたい十三、四人くらいの四年生くらいまでの子どもたちがやってきます。クラスに分かれ、一緒に散歩に行ったり、「おやつに今日はいもを使うよ」ということならそれを洗ってくれたり、そのおやつや飲みものを配ったり、実によく動いてくれます。

いつ始めたのかなあ、小学校に行ってからも園に来れる機会をとの思いで、考えて命名しました。その後元気に楽しみにしてやってくる子どもたちの姿があり、長い間続いてきています。

運動会では「こんなことするんや」とちょっと教えてくれたり、踊りを見せてくれたりとなかなか貴重な存在。我を忘れて園児以上に走り回ったりして、時々厳重注意を受けることもあります。あまりの人数の多さに一クラス以上と思わず目が点になることも。

「しょうがっこういったら、おてつだいたいにくる」、そんな希望を口にする年長の子どもたち、憧れの存在なのです。また就学した当初、かつての仲間や先生に会える、安心して過ごせる幼稚園、そういう場所での休息のおかげでゆっくり学校に慣れていった、そんな子どももいました。

卒園したあともいつでも来れる、行きたいと思う、手伝う、そんな誇りを持って門をくぐる、子どもたちが幼稚園を思う気持ちを大切に、いつでも来れる温かい場所でありたいと思ってきました。にぎやかな様子を見て時には苦笑しながらも、いつもはいない笑顔を出迎える土曜日の朝です。

夏休みに学ぶいのちの営み

夏休み、暑さはもちろんのこと、まあいろんな時間がありました。この年でこんなにドラマティックな日々に向き合うのかなと思うほどに豊かな毎日でした。

十日間プール開放をしますが、ほんとにすてきな出会いがいっぱいにある時間です。ひとつの遊びの様子からもあらためて年齢の発達を見せてもらうことにもなり、勉強でした。卒園生で小学一年生の子どもは、スイミングスクールに通ったわけではないけれど、夏のこのプール開放の時間が力になり、学校のプールの授業ではとてもほめてもらったと教えてくれました。

私のプールの仕事は「見張り」なのですが、子どもの人数が少なかったりなど、余裕がある時には「個人レッスン」をすることもあります。一年前に、意欲的にこのプールを楽しんでいたことが、小学校での時間につながったとしたらほんとにうれしいことです。幼児期の豊かな遊び、それは子どもの自発性によるものが多く、それこそが学びの芽になります。

暑い夏が続きプールは子どもたちで満タン、時に年齢制限もして、ぶつかったりの事故のないように注意する「見張り」の大きな仕事終了。無事に夏も終わりです。

夏の少しの余裕を使って軽井沢の絵本の森美術館へ出かけました。近くには外国のおもちゃの展示、販売があり、しっかり明日につながるモノを見つけてきました。出かけると必ず何かを見つける、これ私の自慢です。それを活かして子どもたちとの時間を作り出すのも楽しみ。

二〇一八年の夏には思いがけない研修会を実施することになりました。かつて一緒に働いた仲間が、新たな場の仲間をともなって、なつかしい職場に集まりました。

子どもの時間を見てもらう、一緒に遊ぶ、絵本の勉強会、自然博士をお誘いしていつもの自然観察会などです。ここで大きな予定外で台風の襲来です。結果、肝心の子どもたちはいなくて残念でしたが、大いに学ぶ三日間でした。自分たちで作る研修会、先生たちも一人ひとりが講師になっての時間、よき集まりでした。生きる場所は離れていても「つながっている」を感じた時間でした。

この「よかったね！」には、朝八時からの早朝散策をリードしてくださった菅井先生の存在があってこそです。たくさんの人数なので園庭を中心にお願いしていました。この園庭、つい何もないと思ってしまいがちですが、宝庫です。なぜ公同にセミが多いのかが解明されました。森のような園庭だからです。けやきの木の葉はだいたい同じ形ですが、思いがけない形を発見したりする。そういう目を持って見ることを教えられて、見つけることがうれしくなって楽しみました。

そんな時間に、木の幹にアリの道を見つけました。桜の大木に登っていくアリたち、開拓者はデコボコのところを歩いていき、そのうちそこに蟻道（ぎどう）ができていく、あんな小さないのちからそんな営みを教えてもらうのですから、自然とはすごいものです。

目を輝かせ、驚いてそしていろいろ伝えてくださる博士のおかげで、園庭は宝庫だとあらためて思ったことでした。

どんな小さないのちも生きている、その営みから教えてもらうからこそ、子どもとの時間、その子どもたちそれぞれが生きていくうえでむずかしい課題を持つことがあったとしても、その生を応援していくことの大切さを、その根本を繰り返し感じる、それがこの自然と向き合うことからより力を与えられるように思います。

第三章

いのちが成長する

園舎は秋のにおい

生きていくなかで人をくるみ守ってくれているのが自然。青空、時には雨音に、そして吹く風に癒され、食べることの大きな力にもなっている自然。それが猛威をふるうとあわてさせられることも。

公同の園舎が一気に秋になる日が。稲のカーテンが登場するからです。

年長ぐみは五月、六月、七月、そしてこの九月と大好きな篠山後川へ。子どもたちの半数ほどの保護者も同行して、実に広大ないわゆる田舎の景色に加わってもらったりもします。

まだ青く小さいですが、実がたんわりの柿の木、緑のいががいっぱいの栗の木、季節が秋になっている景色の中をバスは一路、後川に向かいます。

バスの中では、お母さんたちも巻き込んでの遊びや、子どもたちの歌などで楽しみます。また必ず登場するのが誰かからのおみやげでのおやつタイム。今回は園の先生が、はるばる群馬から持って帰ってくれただるま煎餅です。おみやげからも子どもとの世界が広がります。旅行で行くことが多い北海道や沖縄もあれば「おばあちゃんがいる！」と教えてくれる県があったりします。

以前に「けんだまもなか」というおみやげをいただいた時に、はじめて広島県廿日市がけんだま発祥の地と知りました。冬に園庭でみんなが楽しむけん玉はと、話が広がっていったものです。

さてバスの中では、虫や鳥などでの「いい人」「悪い人」シリーズ。バッタ、子どもたちは大好きですが、実は大量発生すると一つの島をダメにしてしまうほどの存在。かたつむりだってキャベツ畑にお越しいただきたくないもの。まあ、そんな一つひとつを絵にして見てもらい尋ねていきながら、庭や畑で出会うものについてあれやこれやと楽しみます。おもしろいのがバスの座席から絵を見ようとのぞいている顔ズラリ、かわいい光景です。

こうもりも出てきましたが、これは実は「いい人」。園の前を流れる津門川で夜に旋回しているのを見ることもあります。畑のヒーローは「みみず」。そんな話をして最後に「公同幼稚園のヒーローは?」と尋ねたら「こうもり」。いやいやまいったな、公同のヒーローはあなたたち年長でしょう、ということで終了となったバスアワーでした。

この日は後川の田んぼの稲刈り。五月に植えた苗が大きくなっています。台風の襲来に備えて稲刈りが終わっているところもあります。台風で「寝てしまった」稲も。この「寝てしまった」ですが、その光景を目にして「寝てる!」と叫んだ三歳児、そのことばを秋にはいつも思い出します。いろいろな風景の広がるなかに、お世話になっている田んぼでは、持ち主の方がコンバインを動かして、どんどんお米の袋詰めができていきます。

わらは細切れに、お米だけが袋に入っていきます。田植えも稲刈りも大型の機械ですが、公同は手刈り。子どもたちも鎌を持ってザクザク。園に帰ってきてから保護者のみなさんのお働きもあり、稲が廊下に干されカーテンとなったわけです。

次は脱穀、そしてもみすりとなり、新米が楽しみになる九月。子どもたちを取り囲む風景が少しずつ移り変わっていきます。

子どもが作る法則

秋のなわとび――、おもしろい風景がありました。この季節はさつまいも掘りが。その時にけっこう長いいものつるを切れないように持ち帰る年長。葉っぱのついてるところは、すじを取って超美味のいものつるのきんぴらに。そしていもがゴロゴロついていたところは、何となわとびに。ひとりで跳んだり、つないでおおなわにしたり、まあ上手に使うことです。加えて次に目にした風景は、いものつるが丸くつなげられ、相撲の土俵になっているもの。踏んだら切れるのになあとか思うのは大人の浅知恵か、何と何と彼らの遊びの法則は「いものつるに触れたら負け」だったのでした。完敗、だから子どもはおもしろい、遊びの天才です。いちょうの葉っぱで、土俵が作られたこともありました。塩の替わりにいちょうの葉っぱを放り上げて〜。園庭の豊かさゆえの子どもの知恵です。

おもしろいといえば、片付けのことでもエピソードが。

よく積み木で遊びます。積み木は十分すぎるほどに用意されていて、遊ぶ時には何箱も出されてきます。二種類の大きさがあり、これは特別に材木店で整えられたものです。しかしあればあるほど、片付けは大変。しかしそれだっておもしろくする子どもたち。

集めてくる、箱に入れていく、その時にひとりは積み重ねたところから一枚ずつスライドさせていく、それを滑り込ませていくもうひとり。まあなんてことを考えるのでしょうか、子どもは確かに天才です。保母になって間もなく過ごした保育園では五時になると「クシコスポスト」の曲がかかり、片付けの合図になっていました。その後、就学した子どもがこの曲を聞いて、題名を問われて「おかたづけのきょくよ」と答えたという話を聞くことになり、衝撃でした。

片付けはさりげなくはじめたい。次の時間を聞いて、それではと自然に動きがはじまっていきます。運ぶこともなぜか楽しんでいます。いろんな姿があります。

ある時、園庭を片付けてみんな園舎に入ってきた時に、まだ園庭で走っている子どもがいました。一年目の先生はその子を呼ぼうとしました。部屋に入るとまずお茶、そのために今から台所に行こうとも考えていたであろうその先生に、先にお茶のやかんを取りに行ってきたらと声をかけました。どのくらいの時間か、彼女がやかんを持って出てきた時には、その男の子は園舎に向かってきていて、さっさと靴を履き替えようとしているところでした。少しの大人の「待ち」が子どもとの信頼関係を生み出していきます。

一緒にすぐに行動できない子どもも時にはいます。でもクラスの仲間がいなくなれば、自分も行こうかなと思うのではないでしょうか。

転入してきて、もうあちこちが珍しくて珍しくてと走り回っている子どもがいました。心配されるお母さんに、私は「そのうちどの場所も珍しくなくなってみんなと一緒にやるようになるよ。だから心配しないで」と言いました。しばらくして「先生、ほんとにそうでした」とお母さんから声をかけてもらいました。あわてないこと、みんなを画一化しないこと、それが大事です。

子どもたちの成長を見守る

子どもの成長とはすごいものです。可能性いっぱい、そんな一つひとつの種が花を開いていくのを間近で見せてもらって、感じて、幸せな日を送ってきました。

大きいことはもちろん、小さな変化も見逃さないでいると、関係が広がり元気をもらい、「今日もがんばるぞ」となります。

朝、門のところにいると、Ｓくんの登場。昨日の朝はご機嫌が悪かったので、「今日は？」と尋ねると「大丈夫」とお母さん。ところが門を通って進んでいくときにイマイチ前進に時間がかかっています。というより止まってしまっています。そこで友だち四人が押したり引いたり、声をかけたりとまあ見事な働きです。誰に言われたわけでもないのに出てきて関わっていく。仲間だという姿が見事に表れていて、朝から感激でした。

園ではやらないのに、家ではいろいろと遊びを再現しているというお母さんの訴えがありました。いいのです、これとっても大事。その場でやってはいないけれど、ちゃんとその場にいるのです。何より見ているのです、取り込んでいるのです。そして家だと安心できるのかやってみる、これ子どもの発達のなかで延滞模倣と言われているもの。いろんな取り入れ方のパターンがあるのを、子どもが教えてくれます。

子どもは必ず成長します。大人こそのんびりなんかしていられません。目を開き、聞き耳を立て、しっかり子どもを押し出し、引っ張り進んでいかなくてはならないと思っています。

ある週末の土曜日、三歳児の親子での時間が予定されていました。五十人を超える子どもたち、どんなふうに遊ぼうかと思っていたのですが、先生たちが積み上げてきてくれたおおなわ。一人ひとりの今の様子はみんな違いますが、四月から積み上げられてきたもの、その

「一人ひとり」をぜひ届けたいと思いました。

五十人のおおなわを順に見ていただくには少し時間がかかりましたが、全員の姿を全員の

保護者にと思いました。子どもたちが上手に待つこともできている、順番がくると、指名されると、みんな出てきてくれる。不安になったような子どもが、自分で私に「せんせいととぶ」と自己決定して伝えてくれました。こういう一つひとつがうれしいです。

公同の先生になって、上手になっていくことはいろいろあるのですが、このおなわを回すのもそのひとつ。跳んだ実感を持ってもらうために、足の下をなわをくぐらすことができないといけません。仲間になって実に長い多田先生は「まずこの子のリズムを」と言って、最初の跳びはじめを確認してから、見事な技を繰り出していきます。一人ひとりの跳んだ自信が次へとつながっていきます。いかにうまく誘い出して、やりたい気持ちを育てていくか、やる気持ちになっても、それぞれのスピードは違います。まずは「やった！」感。それに合わせることが私たちの仕事です。

いつも誰か先生がなわを回している、それが公同のひとつの風景です。そしてそのおおなわの順番を待つのも上手になり、その列にいろんな色の帽子の子どもがいる、これが何よりうれしい公同に流れる時間です。

そんなふうにして毎日を過ごしていくなかで、次の姿が見られるようになっていくのが自分たちでの解決能力です。

子どもが「わーっ」と泣くとつい駆け寄りたくなります。でも今、そこに自分が求められているのか、ここは考えどころ。年長の一人の男の子がしゃがんで豪快に大泣き。近くにいたこともあり、駆け寄ろうとした担任に、止まるように合図をしました。

それから遠目で眺めていると、泣く原因を作った子が、仲裁に立った仲間に助けられ謝りに行き、それが無事に相手に思いが届くことになり、解決にいきつき、大人たちはそれを見ていることですみました。自己解決、自己責任などの力を少しずつ付けていく。「わたし」から「わたしたち」という世界を確かにしていっている子どもたちです。

泣いているのに気づかないと怒られる、しかしあまり状況をくみ取らずに何でもかんでも介入しようとするとやはり怒られる、先生ってなかなかむずかしいですね。

遊びから自然に身に付く

思いがけないはじめての取り組み、第一章で紹介した運動会での子どもたち全員による畑の時間をテーマにしたプログラムは、多くの方から元気の出る評価をいただきました。子どもたちの日々がそこに表現されている、小さい子どもが入園してからの毎日の成長が手に取るようにわかる、年長の子どもたちの全体を支える力、小さな子どもの動きを見守るまなざしのやさしさ、幼稚園のすべてがあらわれていたとのことばでした。私としてはこの物語がいつもの子どもたちの生活、行動であることから、ことばかけをしっかり進めていけば、取り立てて練習というものをしなくてよい、このことを強く思っていました。

物語の構成、かけることばの準備ができていれば、その場で「園庭にも街にも桜の花が満開、ピンクの帽子のお友だちみんなが、桜の花びらだね」「風にのって花びらが舞っているよ」、そんな声かけで、これは自分たちのことだと全身で表現をしてくれます。日常の生活で大切にしてきたこと、それを表すことができたのは幸せなことでした。

畑は宝箱のようであり、それを大切にしていると話すと、すぐに「菜園活動」「食育」ということばになります。私自身の育ちのなかに畑があったように、何かが育っていくのを見守ることがそこにあってほしい。実際に育てることがかなわなくても、畑のそばを通れば、何が植えられているのかな、そう関心を持ちたい、季節をそこから感じることも。

食卓と、その畑で目にするものが自然に結びつくといいな、キャベツにも蝶が飛んでいる、木のところで見る蝶とどう違うのかな、花の色っていろいろあるね。どんな野菜にも花が咲くこと、いろいろな疑問を持つことから学びが広がっていきます。本で野菜や花の名前を覚えるのでなく、生きることのなかで自然に、そういうものにくるまれての生が保証されたらいいと思います。

子どもたちは何でもやってみたい、どんなことにも興味を示します。この子は~が嫌いで、土を触るのはいやがるし、手が汚れるのはダメ、などとすべて大人が決めつけてしまうところがあります。

畑を訪れると草が伸びている、いちごの実がなるころはランナーも長くなっている、これはちぎる、これは抜くなどと一度見せてもらったら、ランナーを花束のようにして見せにくる、草を抜いたら積み上げて競争する、

すべて遊びです。いもを掘る時に森のようになった葉を少しめくると、なかにいたこおろぎたちが飛び出してきてビックリすることもあります。

すべては、あえてプログラム化していくものではなく、子どもたちが生きるなかでの出会いです。

いものつるのきんぴらのために筋を取ること、季節は違いますが、いろいろな豆が届くと「○にんかぞく」と言ってさやを開いてなかから取り出すこと、どれもこれも自然に身に付いたもの。「なんかやろうか」「えっ！手伝ってくれるの？　じゃあよろしく」、そうして次に伝わっていく、これが子どもの世界です。

準備も楽しむ

運動会では今までより一歩先を楽しむ子どもの姿が見えます。

何事も新鮮！　一歩一歩自分の足で広い世界のほうへ踏み出していく姿が、なんとも言えずかわいい。とはいえ腫れ物にさわるようなこともあります。ぴゅーっと先に行く子もいれば（まあ元気なのはよい）、引っ張ってもなかなか動かない、そんな様子もあれば、涙もあふれるし、好き嫌いは実に多様です。

すべてにおいてがんこで、その一人ひとり違うがんこをどう受け入れていくか、楽しくもあり知恵比べのようなところもあり、毎年いろいろです。この知恵比べ、こちらもけっこう負けていません。

運動会で、一人のお母さんから教えていただいた卒園児のリレーでのひとコマ。並んだところで顔を合わせた元の仲間たち。「おい、今年はこけるなよ」と男の子が一人の女の子に声をかけたそうです。

「もしかしたらいじめかとも思いましたが、言われた子どもは、覚えてくれていたんだとうれしそうだった」とお母さん。信頼関係が園のなかで培われているから、一年たって、今年は勝とうぜ！　の思いから「おい！」となったのでしょう。仲間なんだ、そんな関係なんだと親子ともにとらえてくれたすてきな空間、そして子どもたち。つながりは卒園してからも続き、そして付き添って来た保護者の方々もいて、遠くからも駆けつけてくれた久しぶりの顔もあり、ほんとにうれしいです。

運動会が終わると、そのあとはおまつりの「うわさのカウントダウン」。

毎年、おまつりまでの日々を楽しむことを大事にしてきました。クリスマスもそうです。二十四日なら二十四日だけを騒ぐのではなく、十二月の進みゆく日々を歌ったり踊ったり、そしてすてきな一日を心待ちにする、プレゼントやケーキだけではない、そんな一年の最後の月を楽しみます。

その「うわさのカウントダウン」ですが、お母さんたちと協力して「おまつりまであと何日」のその毎日をまずいろいろに楽しみます。突然おまつりではなく、運動会の余韻を残しながら次へとつながっていく、これが大切です。子どもたちの毎日、その「点」はこうして「線」に。それが子どもたち一人ひとりの力になっていくと思っています。

みなさんが、子どもたちが、お買物を楽しめるようにと作ってきてくれた品物たち、どれもこれももう世界にひとつしかない、そんなすてきなものばかり。それを子どもたちに事前にこんなものもあるよと伝えたい、そういう思いで毎年工夫してカウントダウンの時間を作ってきました。品物の種類次第で紹介方法は変幻自在です。並んだものを見て、どんな方法で紹介するかを考えるのです。

そんななかのひとつ。子どものために準備されたドレスやベストなどをつけて階段を二階から降りてくることを、先生数人とお母さん方にお願いしました。「風と共に去りぬ」ではありませんが、広い階段を降りてくる光景をイメージしてのなりきりファッションショー。そして思いつくことこのうえなしの私は、その方々に園庭に出たら、非常階段から二階に戻るようにお願いしました。そして次にみんなまた何かに変身して降りてくる。この日、クッキーを焼くために台所にいたお母さん方も一階の保育室から観劇。たくさんのギャラリーのなかで楽しんだひとときでした。

さて期待を背負っての翌日、この日は何とはじめての試みのウインドーショッピングです。実にいろいろな手作りの、子どもの好奇心をそそるものがあり、もう紹介しきれるものではありません。企画立案の力を越えています。品物の写真を階段に貼ってくれたこともありました、今回は二階をショッピングモールにしました。

手を後ろにしながら準備された店舗を回る。いやみんな実に賢い。これで大量の種類のいろいろなモノを一気に見てもらえて、あとは当日にその思いが持続しているか、昨日見てこれだと思ったものを買うのか、本番を迎えて気が変わるのか。これもお楽しみのひとつです。まつりは一年のうちの一日、その日が最高であってほしいのと同時に、それまでを楽しみ、終わってからもその一日が横に縦に広がり、子どもの生活を彩ってくれたらいいなと願っています。「とことん子ども、とことん大人」をキーワードに大人の働きがありました。

運動会もおまつりもほんとに穏やかな一日でした。「無理をしないでゆっくり」もキーワードに、一歩一歩と思ってきました。ひとことでは語れない子どもたちの毎日。そしておまつりの当日、一人ひとりが感じたことや思いは違うだろうし、いろんな時間を過ごしたことでしょう。大人もいろんな感想を持ったことでしょう。でもこんな小さな場所で大きな取り組みが長い間行われてきたことも不思議、そして恵まれた幸運でもあったと思います。

子どもたちの力加減

子どもたちの帽子の色の誇りはここにもある。そしてまた受けつがれている幼い子どもへの思いを感じるひとつのクラスの報告がありました。

園庭に土俵を作って「はっきよーい　のこった」と次々に勝負している年中組の子どもたち。そこに一歳年下のクラスの子どももやりたいとなって再びの相撲対決スタート。あれ！さっきまでの勢いはという年中さん、小さい友だちを相手にするとどんどんうしろに下がっていって、小さいほうの勝ち。うれしそうに手を大きく上げてとびはねる相手を見ながらにっこりしていました。次の子どももやはり、少しずつうしろに下がり土俵の外へ。「昨年もこんな姿を見たなと思い出した。この日、譲っていた子どもたちに昨年大きいクラスの子どもたちが、力加減を工夫してくれていた光景があった」。一年たっての相撲対決、帽子の色とともに、受けつがれているあたたかい思いを感じたというものです。

この帽子の色が混じっている、公同の園庭のすてきな光景のひとつです。おおなわを跳ぶところも、うずまきジャンケンも、砂場も全部、色が混じっています。私の大好きな、そして誇りとする風景がそこに。

もちろんいつもいつも「善人」ばかりではありません。ある日大きな泣き声が聞こえてきました。見に行くと三歳のクラスとはいえ、身体のしっかりした子どもが泣いていて涙が止まりません。「すもうに負けた」らしいのです。力が弱いわけではない、自信もあるようだ、ここは厳しくいこうか、といった大きな子どもたちの思いがそこにはあったようです。「負けた！　そりゃあ残念だったね」「へえ〜負けたんだ、まあそんなこともあるわね」と、通り過ぎていく大人はそれぞれに声をかけていきます。社会は時に厳しい。

子どもと絵本と生活と

ある日、ひとりの年長の先生が何か思案しながら廊下を歩いています。「どうしたの？」と聞くと「なわとびの出てくる絵本がないかな」との返事。うーん、ぐりとぐらのシリーズでの『ぐりとぐらとくるりくら』（福音館書店　なかがわりえこ／作　やまわきゆりこ／絵）では、うさぎとなわとびをしているよ。それを伝えても、それでいこう！　という様子ではありません。

そこで次に浮かんだのが『めっきらもっきらどおんどん』です。あれは確か、もんもんびゃっこという登場人物がなわを跳んでいました。そこで絵本を探し確認したその先生の「すごい、すごい」という声が聞こえてきました。

ようし！　やったねです。主人公のかんたに加えて、三人の登場人物でお話が構成されているもので、そのあと絵本を読んでもらった子どもたちは、三人の登場人物に分かれて遊ぶ機会を数度持つなど、なわとびから絵本からとたくさんの時間が広がっていきました。

「めっきらもっきらどおんどん」に続く唱えことばもおもしろい。道を歩いていたら急にその文言が言いたくなり、突然大合唱が始まる、そんなこともありました。

登場人物三人の中のひとりの「しっかかもっかか」には、みんな首に風呂敷を巻いてなりきり、部屋を走り回りました。年長ですから自分が走るだけではなく、課題が加わります。ぶつからないように、でも各人思いっきり力も出して、そんな課題にこたえて潜り抜けるようにして、すれ違いを楽しみながら全速力に近い勢いで走り回る姿が見られました。

「おたからまんちん」はみんなの大好きなスーパーボール転がし、転がるボールを追いかけて集める姿のかわいいこと。「もんもんびゃっこ」はもちろんみんなの得意なわとびです。

絵本が生きる、絵本から広がり、絵本がもっと好きになり、偶発からのひととき。子どもたちにとって「生活発表会」として、特別な時間を作るのでなく、楽しい時間、一瞬の出会いから広がっていくそんな毎日にしたいものです。絵本から、毎日の時間から、いつだってすてきなヒットの時間が生まれます。

絵本は、絵から成り立ち、そして字があります。

絵本はそこに物語がある、ワクワクするドラマが広がります。

絵本は一人で読むものではなく、そこに他者がいること、これがとても大事。子どもたちと読むからおもしろい。相手が変わればまた反応が違い、おもしろいつぶやきや「なんでなんかなあ」といういろんな顔に出会えます。この本、子どもに読んでみたい、そう思えるような本との出会い、そしてそこに子どもたちがいること、子どもにも大人にも幸せな時間です。

絵本から飛び出して楽しむ

絵本ありきではなく、子どもがいてそして絵本があってと、ずっとそう思ってきました。子どもと絵本を結ぶ、また絵本と大人、子どもと大人、自然につながっていきます。小さいころ絵本には出会う機会がなかった私ですが、保育者になってからは、絵本の力に支えられて今があります。

絵本を子どもたちと楽しみたい、それに加えて何を考え出すかわからない私の願いを聞き入れてきてくださった、その時その時のお母さんたち。いろいろな思い出があります。

大好きなグリム童話『ねむりひめ』（福音館書店　フェリクス・ホフマン／絵　せたていじ／

訳）、これは最後に結婚式のケーキが登場します。あの絵本のようなケーキを子どもたちに、そんな願いを、高さ五十センチくらいのケーキ、お菓子を駆使してたとえば「コロン」などを並べたりとかしながら作ってくれました。

大きなケーキに気をよくした次は、クリスマスに「やっぱりあのぐりとぐらのケーキでしょう」といとも簡単に口にしてしまいました。四升ほどの炊飯釜にぎっしり、焼いたカステラを詰めて型を作り、あの『ぐりとぐらのおきゃくさま』（福音館書店　なかがわりえこ／作　やまわきゆりこ／絵）のケーキが子どもたちの前に登場しました。

森の仲間たちが集まってクリスマスを祝う『きのみのケーキ』（福音館書店　たるいしまこ／作）が登場した年もありました。子どもたちの大好きな電車がケーキになったら、どんな顔するだろう、とつぶやいた一言から電車（ケーキ）が十二両も走る街の風景が子どもたちの前に。

『11ぴきのねこのマラソン大会』（こぐま社　馬場のぼる／作）の一冊も忘れられません。ある年に「このねこの数をかぞえてみよう」プロジェクトがスタート、半年後に発表する。五グループほどのゼミが結成されました。何と発表会ではねこの数だけでなく、絵本をすみずみまで楽しんだことがグループごとに報告されました。

子どもたちのためにと力を尽くしてくださった、その年その時のお母さん方の働きは、一つひとつが大切な思い出です。そしてお母さんたちは子どもたちの笑顔のみならず、ともに過ごした時間と仲間という宝を手にされたのです。

わらべうたはいつでもどこでも誰とでも

子どもを膝にのせて揺らす、手を取ってゆっくり動かしながら歌う、顔をそっと触る、手の先から進んでいった大人の指が、身体の脇の下に飛び込んできてくすぐる、笑顔を引き出すすてきな遊びとそれに添える歌、わらべうたでの遊びの豊かさは簡単には語れないほど。

大人から遊んでもらっていた子どもが、子ども同士でも遊ぶようになり、ジャンケンを楽しんだり、次々と相手を交替していったり、遊び方の広がりも簡単には語れません。産まれた赤ちゃんに顔をくっつけるようにして歌っていた、ピカピカのお兄ちゃんやお姉ちゃんのさまざまな顔もありました。

そんなわらべうたでの遊び、入園前からも幼い子どもの集まりでたくさん取り入れています。レパートリーを増やすのではなく、ただただ抱っこした時に手を取って歌ってみるなど、歌に合わせて名前を呼んでみる、ひとつの歌だけでもいろいろと遊べる、そんなことを伝える集まりが自然に用意できたらいいですね。

子どもたちが、自然に歌える、歌いながらさりげなく動作を広げていくことができる、そんなわらべうたでの遊び。三歳のころはひとりで先生の見よう見まね、大きくなると隣のお友だちと手を取り合う、円を作る、二重の円で横に動いて相手を変えていく、いろんな動作を行えるようになっていきます。

集団のなかで、まだ規律に合わせて行動することがむずかしかったひとりの男の子。ある日の遊びのなかで、この交替遊びを最後までやり切ることができるようになったことがありました。順に横に動いて新しい相手と組む、みんなの流れのなかにしっかり入って一周、仲間全員で拍手しました。何をほめられているのか、本人もわかってとてもうれしそうだったのが心の映像に残っています。

そうするうちに仲間からの彼への新しい「要求」がスタートしていきました。無条件に手伝うのではなく「なんでもしてあげられないよ、ここまでだよ」と言いながら、助ける姿がありました。彼も自分たちと同じようにできる、厳しさもやさしさも両方入っての関わりで、子どもってまたまたすごいなと思います。

そしてこのわらべうたは、何がすごいって自然に四季を届けてくれることです。春からはじまります。子どもたちの体験を彩ります。つくしに出会う、たんぽぽに、そしてチューリップ、子どもたちの春との出会いの時間を支えてくれるのがわらべうた。

♪つくしはつんつんでるもんだ～　♪ずくぼんじょ　ずくぼんじょ～

♪ちゅーりっぷしゃーりっぷ　おんりきりきりきあっぷっぷ～

♪たんぽぽたんぽぽ　むこうやまにとんでけ～

豆にもたけのこにも、子どもたちのそのモノとの出会いを彩り、もっと前にと押し出す歌があります。歌がある、だから豆の存在がもっと大きくなる。ぐんぐん伸びるたけのこ、まねて伸びるそして抜くことを楽しむ、抜かれないようにしっかりかまえる、歌があって遊びがあって人と人がつながります。

大人が多様な個々の子どもにしっかり向き合っていく、そしてその子がその子のペースで成長していく、するとそれを見た仲間がその子への関わりを新たに見出して作り出していきます。この「わたし」が、「わたしたち」の関係のなかで育っていく姿を見せてもらう喜びは、ほんとに大きいものでした。そのひとりだけが「わたし」なのではなく、どんなみんなも一人ひとりが、「わたし」からスタートし、そして仲間としての力を作り出していく、これが集団生活のよさそのものです。

その生活を実に多面に彩るすてきなわらべうた、これはいつでもどこでも誰とでも広がる。幼稚園の周辺、そこには南北に流れる川があります。川には鯉が泳ぎ、それをねらう白さぎが飛んできたり、鴨の親子の優雅な行進が見られたり、いろいろな光景がそこにあります。西の川沿いに柳の木が彩っています。この木の横を通ると、そこここから聞こえてくる「♪やなぎのしたにはおばけがうーうー～」、最後にジャンケンをする歌なのですが、それが自然に口をついて出てくる子どもたち。

緑だった柳が金色になる秋、「きんぱつになってる！」、柳とジャンケンしてもいつでもぼくの勝ち！『きんいろあらし』（福音館書店　カズコ・G・ストーン／作）という絵本がありますが、これにはページいっぱいになびく柳が。散歩もわらべうたも絵本もすべてが合わさって子どもたちの生活を支え、広げていきます。

ところで、子育て教室などからの依頼に、このわらべうたで遊ぶというのが増えてきたのは五十代になるころ。けっこう体力勝負でもあるこの時間、なぜに年を重ねてからかと思うこともありました。でも年を経て、より子どもへの思いが大きくなり、大人の笑顔を届けたいと思うようになり、そんな思いのこもったしぐさが、取りつくろうということではなく、自然に身体のうちからあふれるようになり、私のわらべうたの時間は今一番「旬」なのだと思うに至りました。人生後半になって与えられた恵みです。

もうひとつ、わらべうたのその遊び。肢体不自由という障害の領域の勉強にいった時のことです。手を伸ばす、身体をまっすぐにする、こっちを見るように指示をする、そんないろんなリハビリテーションの方法を聞きながら、「私にはわらべうたがある」とすぐに思いました。手を伸ばすことやパーやグーを作ること、たくさんのすてきな歌が、遊びが、子どもの笑顔や動きの伴奏となる、それがわらべうたです。

私のお気に入りの瞬間

子どもたちが出かけて行っていろいろなものに出会い、体験して「ただいまーっ」と帰ってくる。それを出迎えるその一瞬の時間が好きです。どんどん挑戦が広がっていく子どもたち、公同はあちこちに出かけて行きます。

園内の遊びの豊かさ、自分たちでつながりを広げて、好奇心からはじまって集中して自分のものにしていく行程を見たりすること、ある日突然の子どもたちの快挙に驚いたり、そういうことがいっぱいのこの場所と時間が好きです。

「今、自由な時間ですか?」の質問がよくあります。みんながそれぞれに遊んでいる、そこには子どもたちのそれまでの日常が問われています。何をしようかどうしようかと思いつつ、自分で動き出す、そんな風景がすてきだと思っています。

もちろんそうなるまでの種まきは大切。だんごむしを探して一緒に歩いたり、おおなわを回したり、砂場で遊びをともにしたり、だんご作りをさりげなく応援したり、園庭の土山登りだって、応援を求める子どももです。ぶつかり合いもあります。調整役も必要、そんななかで、特に帽子が入り混ざって広がっている園庭の光景は大好きです。

砂場の年齢層はさまざま、山の上も、園舎の壁際も、でも全園児がいてもスンナリと収まっています。園庭では走らないとか、幼い子どもには譲るとか何となくできているルール。これから冬に向かってモノを使ったりする遊びも見られるようになっていく子どもたちの世界です。

その園庭で思いがけない声掛けもあったりします。「うんていできた！」の大声はYくん。泣き虫のあの顔はどこに？　のKちゃんの声と満面の笑顔。Mちゃんが「やまにのぼれた」、うん？　山？　これは私の聞き間違いか、どうやら登り棒のことのよう。それは見に行かなきゃ、そんな大忙しもある園庭、季節はめぐりそして、やっぱり豊かです。

もっともっと世界が広がるといいな

二〇〇九年の秋から丹波篠山市の後川を訪れています。

一年中、訪れる機会があり、いろいろな季節を味わえる場所として、念願がかなっての場所でした。閉校した小学校跡を使わせていただき、春から夏、秋冬と季節を存分に味わう。見る、感じる、触れるなどなど、多くの時間に恵まれてそれからの子どもたちの日々が続いていきました。

春を迎え新緑に輝くころ、まず機械の動きを見て、そして実際に苗を手に取って泥にそっと差し入れる田植え、夏を迎え眺めて見守った風景、次は育った稲を刈る。すべてが特別なことではなく、生活としてそこにあります。

寒くなっていくなかでの風景の変化も、自然に幼い心に身体に届いていくでしょう。茶摘みや枝豆の収穫など出会いが広がり、綿を育てる、そして栗も柿も実りの季節にだけに見るのではなく、春の息吹から勢いをつけていく様子とともに、子どもたちの日々があった。毎年豊かな一年を過ごしてきました。

ホタルの光には癒されます。たくさんのホタルの歌、伝わってきたそれらが、歌としてだけでなく、実際に光っては消えるそんな美しさのなかで声を揃えるのですが、これほどの幸せがあるでしょうか。

この時間の意味は子どもたちに届く以上に、大人にもエンドレスに語ってくれるものがあります。目に届く景色です。本からではない自然な学びです。伸びた稲のうえに映るきれいな水玉、虹色に光る露はほんとにきれいでした。風が吹くと涼やかな空気が届きます。稲を刈ると一斉に飛び出してくる虫たち、その飛翔には驚きます。穏やかだったり、圧巻な光景だったり、いろいろな景色が広がるのが後川の春から次の春への一年、それが積み重なっていく時間です。行為、そこには終わることなく続く日常、生きるうえでの大切な日々、深さを思います。

その場所へどれほど出かけてきたことでしょうか。年長になったら後川に行く、子どもはそれを心待ちにしています。年長ということばの響きは、実に多くの期待を届けてくれるものですが、バスに乗って毎月のようにでかけていくこれまでの年長の姿を目にしてきた子どもたち、その年長になった喜びであふれます。

少し長めのバスの時間も、これまで私たちが耳にしてきたところによると、この時間はすごく楽しいらしい、そう思っています。バスの席に座った瞬間から、もうテンションの高いことこのうえなしです。そのバスの時間をどのように過ごすか、それを大切にしてきました。

日常と掛け離れるものでもなく、でも非日常もいっぱいに味わう、そんな一日のはじまり。行きのバスは期待にあふれ、にぎやかだけれども、心はもちろん全身が耳になっているようなそんな感じです。季節に合わせて一緒に考える「課題」を用意していきます。

桜の満開をいっぱい目にした進級の四月、ほかにはどんな色の花が？　お米になるのを楽しみに田植えに向かうという日、お米からできるものは何だろう？　と考えてみる。朝、出発の寸前にみんなで蝶の旅立ちを見送った日、では「とぶ」ということばから思いつくものは？　大きいのはロケットから小さいのは「のみ」、歌って大好きになった紙ひこうきなどまあ出るわ出るわ、こういう時の子どもたちの頭や心のしなやかさには感心します。

自己肯定感が育っていく

幼稚園を卒園しても後川に行く機会はまた巡ってきます。四月の終わりの祝日に、小学生になってから春のツアーでバスに乗ったＨくん、「じゅんこせんせ、ふじや、ふじやで」と後方の席から窓の外を見ながら大きな声で呼んでくれました。園児だったころ、五月の色としてみんなで見た藤の花の紫、「藤がつく名前は?」と楽しんだことも。年長時代の時間は卒園しても残って続いている、すべてがつながっていく、そう思ったうれしい一瞬でした。これはほかにもあります。

秋の柿の実が目立ち始めるころ、道の両脇には柿があふれます。最初は柿を見つけたら「かき!」、「かき!」「はっけん、かき!」なのですが、次に「首をすぐに動かせるように、〝みぎ、かき〟〝ひだり、かき〟というふうに、あと一歩親切なお知らせをしてほしいな」と声をかけました。次はこの「みぎ」と「ひだり」が加わってにぎやかに。

そして課題がまた増えていくのですが、甘柿と渋柿の違いを加えます。葉っぱが緑豊かな中になっている柿は渋い。葉っぱがなく柿だけが残っている、これ甘い。だいたい間違ってはいない柿の見分け方のひとつですが、九月に見た景色から、次の機会には葉っぱもかなり変化しているので「みぎ、あま」「ひだり、しぶ」と課題がアップ。

こんなバスの中の時間を、家族で出かける時にも提案して楽しんできたというのがAちゃん。お母さんが教えてくれたのですが、どんなこともどんな場所ででも活かす子どもたちです。家族みんなでの車中も「みぎ」「ひだり」とにぎやかだったことでしょう。

さて「年長だ！」とスタートしましたが、いいことばかりではありません。ある時ひとりの男の子がボソッと言います。「ねんちょうってたいへんやねんで、おこめはそだてなあかんし、おちゃはつくるし」。「へえこんなこと考えているんだ」と耳にして、驚き苦笑し、そしてかわいくて楽しくなりました。一生懸命なのですね、どの仕事もお手伝いとして参加しているのに、すべてを背負っているというプライドがあります。

自分の力を使って生きている、幼稚園の生活のなかで身に付けた力を使って生きている、生活の一翼を担っている思いは自尊感情をしっかり育てています。ほめること、それは子どもを押し出す大切な一歩です。でも大きなことは子どもの自信、自分は生きているという納得の思い、自分の足で歩いている、人の役に立っている自己肯定感そのものです。

上を見て、そして今を生き、次は「きみたちやで」と自然に背中を見せていく。どんなことも「ごっこ」ではなく真剣に。鎌を使って刈った稲は園に戻ると足踏みの脱穀機でもみを外します。飛び散るもみをひとつも逃すまいと集める姿は、小さくても農作業の従事者です。

音楽は心で味わう

その篠山で出会ったことのひとつに、「しあわせの日」という歌があります。篠山百年を記念して作られた一曲。未来の子どもたちへ何が残せるのか、今どう生きるのかを、大人に問うているその歌、「♪ありがとう」の子どもたちの歌声は聞く人の心に強いメッセージを届けてきました。

その子どもたちの歌う声があまりにすばらしいから、この曲の伴奏に挑戦したいと願った担任の先生。ピアノは不得手ながらも少しずつレパートリーを増やしてきたそれまで、この歌も弾けるように努力を積んでいました。年度の終わりに歌った時、いつもの子どもの声にも、いつものごとく心を揺さぶられました。むずかしい曲はある程度の力がある先生に任せていましたが、その日はタッチが少し違うことに気づき、ピアノの方向に振り返りました。ピアノを弾いていたのはなんと担任の先生です。決してピアノが得意ではなかったのに「いつの間に！」と感動しました。子どもが大人にそれほどの挑戦を起こさせるものであること、そして大人の勇気と努力にもです。

「練習は裏切らない」「ある程度力があるから適当に弾いているか、たとえすごい演奏でなくても、一生懸命に弾き込んだ曲なのか聞けばわかる」とは、ピアノ演奏について、また幅広く音楽について応援してもらってきた城村奈都子さんのことばです。

ひとりで演奏できなくても、右手と左手を分担して、協力して一曲に仕上げる、そのおもしろさ。弾ける、弾けないと分かれがちなピアノの演奏、それは弾けないのがダメではなくて、だからこそみんなで支えるそのことを、たくさん教えていただいてきました。

鍵盤ハーモニカにしても、楽譜のグレードを三つくらいに分けて編曲して、みんなで合奏を楽しむ。私は楽譜が読めないから、指がそんなに早く動かないからではなく、その人の持っている力を生かすこと、今持っている力よりも少しレベルアップして、達成感を持つ、ピアノって楽しいなと思ってもらうなど、音楽は心で味わうことをいっぱいに届けてもらいました。

どんなこともそうですが、何より大切なのは大人の存在、そしてその大人の寄り添い方です。音楽という「授業」ではなく、先生を見ていてやってみたくなる、そんな存在であること。一緒に挑戦して、楽しむ大人でありたいものです。

畑での時間、そしてそこからもっと広がり、バスに乗って足を延ばして里山で積み上げていく時間。それは、すべて毎日は、生きる時間は、つながっていることを教えてくれるのです。

子どものまなざしに力が湧く

園舎の二階で集まる時間は公同ならではの時間です。その二階へと階段を上がっていくと、それを目ざとく見つけたひとりが横に後ろにと「きた、きた」と伝えて、笑顔が広がっていくのを見ては元気をもらいます。子どもたちが一瞬にして、前に立った私に注目してくれます。力が湧いてきます。

簡単な流れを作っただけですが、子どもたちを前にすると、そして子どもたちとの掛け合いがはじまると、どんどんことばが湧いてきて、プログラムがふくらみ、みんなで時間を作り上げていく、ほんとに楽しく、そしてその対話の時間に育ててもらってきました。「集まるよ」「どこに?」「二階に」「やった!」、集まるのが早くて上手、そんな子どもたちとの相互作用が、集まりをしっかり支えてもいます。ことばは、子どもたちの次を作っていきます。

ある時、傘をさして園庭を歩く私に気づいたひとりの男の子。「どこだ? どこなんだ!?」と、もうひとりの男の子と盛り上がっていて、そして年長の部屋に入ってくるとわかり、「よし、年長だ！」。しかもしっかり私が持ってきた袋にも気づいています。何か持ってきてくれた！　楽しいことがはじまるぞ！　のひとときです。

ある日年長が集まってのひとときで、クレヨンハウスから出版されている落語絵本の一冊を読みました。秋にふさわしい『ちゃっくりがきいふ』（桂文我）の一席。「私、実は落語家になりたかったのよね」と言いつつ、〝客席〟の笑いを誘う自分の一席に大満足、いや絵本ですから落語が絵本になっていることに感謝です。

『じゅげむ』『まんじゅうこわい』などよく知られているもの、冬なら『てんじんさん』で凧あげを楽しみ、夏なら花火で『たがや』などと大好きな落語が、子どもたちとの時間にも生きています。秋満載のこの日の一冊、お茶に栗に柿にそして麩だって忘れないで持ち込み、みんなと対話。落語は対話に味があります。ナレーションのように読み進める講談のような語り方も好きですが、やはり対話はおもしろい。「麩って？」に「すきやき！」の即の返事にいや恐れ入りました、でした。

園庭を歩いている私を目ざとく見つけ、「どこにいく？」と聞き、自分の部屋でないとわかると落胆する、しかしめげない子どもはその保育室のガラス戸のところで鼻をくっつけて。ほかにもこっそりのぞきこむ子どもたちもいます。

待ってくれている、楽しんでくれる、そんなみんなに育てられました。自分が次に何をしようか、どう楽しんでもらおうか、そうワクワクする思いを子どもたちから、そのまなざしから受け取ってきました。伴奏をしたい、そう願って練習を重ねる先生のように、子どもがそこにいるから、大人も明日へと向かうのです。

学びを作り出す工夫

二〇一八年冬が近づくころ、みかんの時間はこの人から始まった、そんなひとときがありました。年長のHくんが事務所に駆け込んできて、とにかく私の手を取ってどこかに連れて行こうとします。何と、くすの木広場のみかんを見つけて「あれがほしい！」とばかりに指をさします。どこに行けば何とかなるかわかってる、ほしいモノがあれば行動し、人をも動かす子どもに、その力に驚きです。

そこで年長全員でのみかん収穫の時間を作りました。何ともうれしそうな子どもたちでした。次に少し色づきが増したところでほしいとアピールのあったのは三歳児です。このクラスの帽子はオレンジ色！　これはしばらく前の「柿になっていただきます」の遊びのなかで、大きな役割を果たしました。また広場の柿の収穫の時も応援隊として、柿採り隊をしっかり見守っていました。

「この前は柿になっていただきましたが、今日はみかんです」と言いながら、頃合いのみかんを選びます。みかんはこうやって育ってそして実る、それをより実感できるように、実の上の枝を少し残してハサミで切っていきました。「園庭で育ったみかんは生きて教材になった」と大満足の思いになるほど、子どもたちの時間を先生たちは作り出していきました。

まずは、オレンジを探そうということで、もちろん帽子、次に柿の大きな色づいた葉っぱ、そしてみかんのところにと誘っていったようです。子どもたちとの会話から、みかんだけにあらずと、学びを大事にしていることを知り、うれしくなります。そんなに数は実らなかったみかんですが、聞こえてくる歓声。どんどん前に出てみんなでのぞきこもうとしている子どもたちの姿。そうそう、こんなふうにひとつのものが活かされてくれたら、もう言うことなしです。

ところで、「三歳児が柿になった」というのは、箱いっぱいの「こんなに柿がやってきた！」という朝のことでした。

そこで集まり。これも恒例になっているのですが、農家の友人がいつも大量に、かなりの大きさの採りたてのキャベツを送ってくれます。今回はふたつ合わせてのぜいたくな時間でした。

まず三歳児を柿の前に呼び出し、「このお友だちに柿になっていただきます」。みんな頭の上に乗せたりして前に立ってくれる、この日の出席は五十一人。あと先生たちも柿を持つと計六十九個であることがわかりました。私のお得意の数え方です。

次に登場したのは箱の中からのキャベツ。これは黙って置いていく、大小で「キャベツだるま」にしたりもしながら。置き終わったところで年長に向かって「いくつあった？」、年長さんの答えは「十五」。そこで改めて数えてみると十六個でした。いやあいいのです。置いていくのを見ながら目で数えている、これが年長さん。いくつあるかな？　が心の中に自然に課題としてあります。

そしてここで登場するは『キャベツくん』（文研出版　長新太／文・絵）の紙芝居。「ぶきゃっ！」でお馴染みです。この新鮮なキャベツ、いつもその場で葉っぱを私がかじるのですが、みんな「たべる！」「もっと」になります。キャベツの葉っぱまでもがご馳走になる幼稚園の日々。場所、仲間の存在が大きな力に、です。

そして週が明けてもそんな時間は続きます。柿の葉とみかんの時間です。

まずは年長さんの新曲披露、「パプリカ」の歌に耳を傾ける、いつしかほかのみんなも口ずさむ。幼い子どもたちの特権は耳に残ったところだけ歌うということ。だからある箇所だけ大合唱にもなる。楽しさの分かち合いです。

前に出て歌ってくれた年長さんにその柿の葉っぱを二枚ずつ。そのあと先生たちから次々に「○○に」というふうに声がかけられ、うさぎに、小鳥に、ぞうに、と葉っぱを使っての変身が続き、お疲れ様でしたと席へ戻ります。どんなことにも笑顔で応答してくれる子どもたち。そして『かき』（福音館書店　矢間芳子／作）の絵本を読みました。

そこで次なるはみんなに柿の葉を一枚ずつ。頭に乗せて「忍者になってのへんしーん！」、いやあこれがかわいいの何のって。さらに「この柿の葉はお金です」ということで、みかんをみんなに買いに来てもらいました。列になり、お金を渡して一個みかんを取っていきます。まだまだ遊びます。いよいよ「きれいにむく挑戦」。皮をバラバラにせずにむいたら頭に帽子が。これは学年ごとに大きく違いがでます。皮がバラバラになる三歳児から、年齢が上がる順にみかんのお花が、みかんで帽子がという子どもが増えます。子どもたちの時間から発達が見えてくる、ですね。柿の葉とみかんで大いに楽しんだひとときでした。

柿にキャベツ、みかんに柿の大きな葉っぱ。それらが次々に「教材」として子どもの時間に登場しました。さまざまな経験を通じて多くの能力を身に付けていく、これがまさしく「発達」、ことばではなく生きた存在が見せてくれる、それが幼稚園の日々です。

何よりも「生きていてこそ」

やまぶどうに出会った時は感激でした。

「一本道をテクテク　くまさんのおでかけ　あっみずたまり　およいでわたろう　あっいしころ　よいしょとこえよう　やっやまぶどう　パクンむしゃむしゃ　」

そして行き止まりになり回れ右。来た道を戻り、ただいまと帰ってくるお話。『ぐりとぐら』をはじめたくさんの絵本の仲間を送り出してきた中川梨枝子さんの詩です。子どもたちの好きなこの詩。一人ひとりがくまの棒の人形を持って歩いて「やまぶどう」に向かい、それをパクリと楽しんでみました。

先天性の症候群で、九月に歩行の一歩を踏み出した年長のSくん。まだ座り込むことも多かったのに、やまぶどうを見て心が動いたのか、それに向かって歩き出しました。動機あってこそ、やろうと思う気持ち、それが力になる、みんなを驚かせ喜ばせたいと願った「やまぶどう」の時間。ところが、こちらが何より元気や勇気をもらったそんな一瞬が生まれました。

毎日、何が起こるかわからない、それはひとつのモノだけでなく、一人ひとりにも成長という贈り物が込められているのではないかと思います。

くまさんを伴って歩く子どもたちの姿、笑顔は最高でした。

お母さんにとって我が子の成長はうれしい。でもその一歩を喜びながら、その次はと思ってしまうものです。ひょっとしたらなわとびが千回跳べるかもとか、登り棒とかいろいろ園庭にあるものへの挑戦とか、もっともっとと、どんどん親の思いは広がっていくものです。それはとても大事。

しかし、私がいつも思ってきたのは「生きていてこそ」です。私の弟は幼くして交通事故で即死しました。母親の姿は忘れられません。思い続けたことは「元気でいてくれたら」。それが私の子育ての第一でした。期待したり、応援したりはもちろんしますが、いつも一緒に笑っていたいなと思ってきました。笑わせてくれる、喜ばせてくれる、時には涙を流しそうにもなる、それが何よりの子どもたちとの毎日です。

祖父母との時間に

送迎にもよく姿を見かけるおじいちゃん、おばあちゃん。年に一、二度ではありますが、そのおじいちゃんたちとの特別プログラムがあります。

九月のおはぎパーティー、あんこを準備すること。長いこと伝わってきたことを次にまたつないで、たくさんのおはぎが用意されてきた、毎年の萩の花が咲くころ。

そして一緒に過ごすひとときに欠かせないのは、やはりわらべうたです。ふたりでお見えになるところもあれば、参加がかなわないご家庭もあります。でもその日のつながりを大事にして、子どもたち全員と関わっていただくことを大切にしてきました。

これは運動会でも祖父母の方々の時間を作るのですが、やはりそうです。子どもたちが順に回っていく、どの子ともしっかり手を取り、身体に触れて抱きしめ、声をかけて次へ送り出す、そんな時間です。

おじいちゃんおばあちゃん、そのもっと前からつながってつながって、たくさんの家族が育ってきました。いろいろなあたたかいまなざしのもとに子どもたちが、そして幼稚園が育てられてきました。

家族だけではなく、横へ縦へと広がるきずながすてきな社会を作っていくのです。幼い子どもを育てる若いお母さん方を金銭面などで助ける、それだけが子育て支援ではないと思います。社会のあたたかい広がりを、どんな小さなこともことばにして相互のつながりを大切にしていく、あえてこのことばを使うならそれが「子育て支援」です。

私も孫との出会いが与えられ、運動会、音楽会、生活発表会、もちつきなどといろいろ見学したり、参加する機会に恵まれました。私を見つけた時の顔の輝き、「おばあちゃん！」の呼びかけは、幸せそのものです。

第四章

冬

いのちを深める

冬の園庭

寒さが訪れるころ、そんな冬は陽だまりを上手に使う子どもたちの姿がいろいろな場所に見られます。それぞれが「遊びの土俵」を設けています。お日さまの差す方向に陽だまりを求めて動いていったりも。

「土俵」がいっぱいの園庭は終始ゆったりした空気が流れています。しかし時には「おい、しょうぶしようぜ」、「じゅんこコマまわせるか?」なんて声掛けもあり、誘いはありがたく受け入れ、急きょ仲間入りします。でもただ回せるだけでそれ以上の技術はないので、あまり相手にはしてもらえずに無罪放免。そのままそこにいて勝負の相手をすることを要求はされないのですが、このコマを回すのも、男兄弟のいなかった私にとっては、すべて保育の世界に入ったからこその出会いでした。

さて、入園して初めての冬、三歳の子どもはコマ回しの土俵を遠巻きに見ています。年長の男の子たちはコマを回すというより、コマを放り投げるそのことに一味も二味もの味付け、力のみならず思いも相当に加えていて、まるでその姿は歌舞伎か何かの役者のようです。またケンカゴマ！　だと真剣勝負する姿もあります。大きな佐世保ゴマだって回します。四歳、五歳と年齢が上がるにつれ、じっと見ているだけだった子どもが回す仲間になり、見事な回し手に。コマ板の周辺でも、子どもの成長、発達が見られます。

私自身はコマもですが、竹馬もけん玉もすべて子どもと一緒に生活しながら、その日々のなかで育ててもらいました。今を生きる子どもたちに、何かに向かう、そして交わる時間をと願う、それがこの冬の光景です。

冬の園庭も、冬ならではの時間のなかで、子どもがそこにいる！　子どもの成長が一人ひとりの遊びの様子から浮きあがってきます。

京都大学で教壇に立ち、犬山モンキーセンターでチンパンジーを育てている松沢哲郎さんのお話を聞く機会がありました。チンパンジーの集団の中で子どもが大人から生きる知恵、術を学ぶ姿を話してくださいました。そして「教

えない教育、見習う学習」というチンパンジーの教育の真髄を、食べるための石器を使う様子から伝えてくださいました。

子どもは親と同じことをしたい、その動機があれば必ず自主的な行動をとる、だからこそ手本を見せる、子どもはまねる、そして大事なのは教えないけれど寛容であること。

チンパンジーってすごい！　私たちが子どもたちを見ていて感じ、学び、考えて試してきたことを、チンパンジーはすでに何てことなく、そんな社会を作ってきているのです。

遊びを深める子どもたち

子どもたちと一緒に生活してくるなかで学んだこと、それは彼らが作るその多くの土俵が、より盛り上がった場所になっていくのは、ともに生きる大人の存在が必要ということ。そしてそのともに生きる存在は、子どもたちにとって憧れの存在でもあることが大事。腕を組んで「自分でやりなさいよ」と、子どもたちを見下ろしていたり、一緒に遊ぶ仲間ではないというのは、私には考えられないことです。子どもたちの様子を見学に来た方々からの質問に、

「主たる活動はどの時間ですか」があります。主たる活動を一人ひとりが作り出していく、そんな時間を応援していくのが大人の役割りです。

小さいころの思い出の遊びに「ハンカチ落とし」があります。

これを子どもたちに伝えたいと思い、工夫したことがありました。広場で次に到着してくるはずのクラスを待ちながら丸く座っていて、歌ったりしていましたが、そんなひとときを少しでも楽しくする、「よし、ハンカチ落としだ！」です。ハンカチではなく、わかりやすくするために、一人の先生のウエストポーチを借りて、そして子どもたちの間に座った先生たちだけでまず遊びを進めていきます。うしろに置かれたらそれを持って走る、そして次に誰かのうしろに置く。遊び方がわかったころに、いよいよ子どもたちの出番です。伴走して援助しているとどんどん子どもたちが理解していき、もうおもしろいくらいにエンドレスのリレーになります。

ウエストポーチであったり、ボールであったり、持ちやすくまた見てわかりやすいものでの「○○落とし」、育つなかで楽しんだ「昔の遊び」に助けられて毎日があります。そんなことを引き出しながら、色を付けていくことも大事です。

ある日、思いがけない光景を目にすることになりました。冬の暖かい日、年長の数人が陽当たりのよい廊下で遊んでいました。タオルかハンカチをバトンにしていたように思います。あるひとりの女の子、成長がゆっくりで歩き出したのも三歳ごろ、年長になっても走るのはまだとてもでしたが、その子も輪の中に入っています。そして彼女のうしろにバトンが来ると横の子がその子を抱き、本人にバトンを持たせて走ります。そして次へつなぐ、さりげない様子で遊びを深めていっている姿は、ほんとに感激でした。

大人がきっとよい手本になれているのではないかと思います。おおなわで「8の字」などの仲間には、脚力がまだ十分ではないという子どもは、大人が抱えて入り、出ていく、そしてどんどん続いていきます。すると自分が跳ぶよりもみんな仲間だとばかりに、それを支えてくれる子どもがいます。そうやることがうれしい、大人をまねて、何か誇らしげな様子、たくさん目にしてきた子どもたちの姿です。

そんな子どもたちのいろんな姿、私たちがうまく表現できることばはありません。「子どもは天才」とか「子どもはすごい」とか、それでは不十分。その時に思うことは、ただただ何度もその子どもの姿を振り返ってかみしめ、心のなかに焼き付けることです。

新人保母のころから、家庭へのおたよりを大事にと思ってきました。というよりそういう場所で働かせていただいてきたのだと思います。最初の保育園では、行事を知らせたりするだけのものではなく、クラスの様子、給食室からのお知らせなどが入った冊子を毎月発行していました。

子どものことばや報告を補うもの、大人と子どもとのおしゃべりの支えになるもの、それは保育案でも保育記録でもなく、いろんな日々の様子を自分の生のことばで伝えること、これが人や場に対する信頼にもなっていくと思いました。そして私の場はその後移っていっても、「おたより」は自分のなかで大事にしたいこととなりました。

公同のおたよりは新しく仲間に入った先生も書きます。一年目より二年目と自然に進化していきます。最初はひたすらがんばるでしたが、「書きたい」に変わっていく。得意不得意より積み重ね、年を重ねるごとに表現がうまくできるようになっていくのがクラスだよりです。毎日もう目の前にいっぱいの出来事があふれているのですから、鍋の具材には事欠きません。とにかく積み重ねは大切、一緒に働いた仲間が、今もメールなどに頼らずに手紙を書いてきてくれることに、手紙というツールを大切にし、続

けてくれるのは何よりうれしいこと。継続は力なりと声をかけてくださった先輩がいましたが、続ければこそでしょうか。

クリスマスのころになると思うこと

クリスマスが近づくと、どうしても紹介したいのが『おやすみ、ぼく』（クレヨンハウス　アンドリュー・ダッド／文　エマ・クェイ／絵　落合恵子／訳）という絵本です。満一歳を迎えることなく、彼女を愛してやまない、すべての人たちのもとから旅立ったひとりの赤ちゃん。その赤ちゃんの見送りに絵本を読んでほしいと頼まれて、悩んだものの選んだ一冊が『おやすみ、ぼく』でした。その絵本より先に、歌との出会いがありました。それもずっと保育所勤務時代に昼寝の時間に歌い、孫たちに「♪おやすみぼくのおめめ　いろんなものをみてつかれたね　おやすみおめめ　またあした」と歌って聞かせて眠りに誘ってきたものです。その歌と絵本が結びついたのが二〇〇九年。お別れには「またあした」ではなく「またいつか」とさびしいことですが、詞を変えて永遠の眠りについた赤ちゃんに届けました。

その話をこの一年最後の集まりで思いを込めて語らせていただき、みなさんはていねいに話を聞いてくださいました。

さっそく、私が聞き伝えで覚えて歌ってきたこの歌のことを調べてくださった方もありました。「ぼくのこもりうた」という歌です。

生きていること、決してそれはあたりまえではない、すべてのこと、どれもこれもほんとに「あり得ない」ことです。生まれる、それは待って待ってのこと、それを喜ぶクリスマス、そして見送ったいのちを忘れずに愛おしむ、それもクリスマスだと思っています。

『〜のクリスマス』という題の絵本が多くあります。

多くはその「〜」が主人公で、そのクリスマスのころの話という、いわばエピソードです。クリスマスを単にその行事を季節をにぎやかに楽しむだけではなく、「いのち」を考えるものであリたいと思ってきました。

角野栄子さんは『クリスマスクリスマス』(福音館書店)で、この十二月の日を光に向かう季節と表わしています。日本では冬至、その一番夜が長い日が終わると、今度は日が少しずつ長くなっていきます。春に向かっていく、クリスマスはその始まりの日。いのちが生まれて育っていくことを喜ぶ日です。

そしてクリスマスという題はついていないけれど、こんなすてきな話が、これこそクリスマスに読みたい、そう思える本を見つけるとうれしくなります。そうしてクリスマスのころにはそのことを伝えてきました。これからはそんな思いで、絵本を探していきませんか。

障害を持った子どもへのまなざし

三歳を迎えて間もなくに思いがけない事故。でもやれることをということで退院後ストレッチャーでの生活ながら、その後、可能な限りの園生活をともにすることができたKくん。園のみんなにとって宝物のような三年間を過ごしました、そして二〇一九年春、就学へと送り出すことができました。

生きるうえで条件がある、耳が聴こえにくい、視野が狭い、肢体の不自由などいろいろな子どもたちに出会ってきました。来園されてはじめて出会う、私たちと出会うにはそれまでの「お断り」があります。出会えてよかったねと思うものの、それまでの生活史をお聞きしては心を痛めたものです。たいていのお断りの理由は「前例がないから」、「やってみたことがないので」など。どんなこともみんな初の体験、妊娠し産み子育てをする、はじめての時はすべて「はじめて」の体験。

しかし、どんな場合もまず子どもたちが柔軟であることこのうえなし。Ｋくんのストレッチャーは園舎の二階には上がれません。彼が参加する全園児での集まりは別棟のホールで。何回か遅れてくることがあり、ある時、園舎の二階に子どもたちが集まるために向かっていたことがありました。

「おはよう」と来た瞬間に、集まる場所変更の指示が出ます。「えーっそうなの！」、方向転換をする大人に子ども、大人があわてなければ子どももあわてません。子どもはゆったりと次に向かいます。二階には上がれないという条件があっても可能な限り一緒に過ごしたい、同じ時間を楽しむためにはできることを、そんな空間を大切にしたいと願う気持ちがあれば、子どもたちは自然にそれを受け止めていきます。三年間の日々はそれまでと同様に、子どもという大きな存在を何度も感じるものでした。上手に移動していく子どもたちを見ながら「避難訓練しているみたい」なんて、苦笑もしました。

また、特別支援教育の病弱の領域の学びの一環で、支援学校を訪れ一日を過ごした時がありました。

ベッドでの生活をしているひとりの生徒の頭上に一本の傘がぶら下がりました。傘からはひもが下がっていて、先には丸い輪っかがついています。その輪っかを寝ている子どもの手に持たされたか、持つように支えられたか、その子が少し力を入れた瞬間に傘が開き、満開の花が咲くように、糸などで傘の内側につけられているものが広がったのです。

子どもとの朝一番の「おはよう」という感動と共感、すてきな刺激の贈り物でした。「どなたが⁉」、工作の先生の工夫とのことでした。買うのではなく、そんな仕掛けの製作、わずかの力を出したら思いがけない風景が広がる、そのためにはどうしたらいいのか、簡単な仕事ではない、でも懸命に取り組む、その積み重ねこそが、ベッドでの生活という条件のなかでの時間を過ごしている子どもたちを支え、笑顔を作り出していくのだと思いました。

自分自身の毎日を振り返る衝撃的な体験でした。

子どもが、周辺の大人が想像もしていなかった力を出した時、四歳五歳とそれなりの年齢を迎えているのに、まだ歩行がと思っていた子どもが歩き出した時、よく「奇跡」ということばが使われました。奇跡なんて、そう思ったことは一度もありません。当たり前のことをする勇気はありました。これやってみない？　やってみる？　じゃあどんなふうに応援したらいいかな？　当たり前のことばをかけ、そんなコミュニケーションのもとに子どもは持っている力を見せてくれました。「子どもを侮らない」、そう思ってきました。いろんな出会いが大きな力になってきました。教えるのでなく、伴走すること、あわてないで待つこと、見守ること、毎日は驚きに満ちていること、だからその毎日をいっぱいに驚いて、楽しむことなどなどです。

毎日一緒に生活することから

冬の遊びの羽根つき、その遊びから学んだことがあります。ある年に難聴の男の子が年長に途中入園してきました。仲間が増えるのはいつだってうれしいことです。取り合いのようにして自分たちのグループにと誘っていった子どもたちですが、そのうち姿が見えなくなります。その男の子から身を隠していることが見えてきました。ちょっと問いただしてみました。するとどうもルールを理解してくれない、そのことに困ったようでした。

彼の耳が不自由だとは伝えていません。伝えるかそうしないかはむずかしいところです。実際に家庭で親から言い聞かされたひとりの子が、「みみがきこえないいんやから、いじわるしたらあかんねん」とみんなに怒鳴るように言っています。どんな方法があるのでしょう、これが完璧というものはないと思いますが、みんなに足かせだと思わせたくないこともあり、自然に仲間入りを進めたつもりですが、「うーん」とうなることになりました。

具体的な方法や、特別な対応があったわけでもなく、ただ日を重ねていきます。これが何より、いつだってそうですが、生活することとそれがお互いに大事、毎日一緒にいる、それが一番大切なこと。お互いの存在に慣れる、当たり前になる、それあるのみです。そうして決定的な発見につながっていったのが、冬になり、コマやけん玉などと一緒に園庭の遊びに加わった、羽子板と羽根での遊びです。

それまで意識してきたのは「向かい合う」ですが、この羽根つきの遊びは最高のものだったのです。手話を言語とする方々は電車でも向かい合って座り、コミュニケーションを取ります。ボール遊びもしてきましたが、この少し技能が求められる羽根つきは最高の土俵でした。ひとりが相手することに疲れると、交替もしていきます。相手探しに努力する本人の姿も見られるようになっていきます。自分で遊びの土俵に上がり、人を誘い、ていねいに求めて関わりを広げていくようになっていきました。やはり「なまもの」に出会ってこその学びです。子どもは子どものなかで育つ、です。

生きる力を獲得する

動詞で語るとわかりやすい、ある時そう気づきました。「子どもの発達」です。その発達とは生きていく力の獲得をあらわしています。この世に誕生して多くの人々を笑顔にするという大きな「仕事」をする赤ちゃん。その赤ちゃんが、泣いたりおっぱいを飲んだり排尿、排便をしたり気持ちよさそうな顔をしたり眠ったり、自然に生と向き合っていきます。そしてだんだんと意志が出てくるようになります。

「じっと見る」「ほーっと口をすぼませる」「手などを口に持っていったりする」、起きている時間が長くなり「見回す」「知っている顔だと喜ぶ」などなど、どんどんその世界が広がっていきます。まさしく動詞が増えていく、あらためて意識すると、いったいどれほどの動詞を得ていっているのでしょうか。

ある年、子どもたちを幼稚園から送り出す卒園式の時に、この子どもたちが獲得した動詞を書き出して、園で過ごした時間を振り返り、「物語」にしたいと思いました。歩く、笑う、歌う、遊ぶ、その遊ぶも、つかむ、探す、土を握る、投げる、飛ぶなど。
これはそうむずかしい作業ではなく、入園したころからの写真を見ては、動詞ごとに分類していきました。手を取る、抱きあう、手をつないで歩く、しゃがむ、走る、止まる、まあいろいろあるものです。切る、折る、描く、もうキリがないくらいに子どもは歩みを進め、世界を広げていきます。心が育っていくと、考える、願う、祈るなど深さも出てきます。

怒ったり、泣いたり、すねたり、子育て中には「何を考えてるかわからん」とむずかしさも覚えてくるかもしれません。それだけ子どもは広い世界に出て多くのことを感じ、心の動きなどが広がっていっているということでしょうか。

子どもたちは家で育まれてそして多くの力を獲得し、次に集団生活のなかでそれまでに獲得したものをもっと広げ、新たな獲得も増えていきます。越える、登る、引っ張り合う、結ぶなどたくさんの動作を自分のものにしていっている。先生たちのカメラがとらえた瞬間を、入園した幼いクラスでの時間にはじまって順に、整理していきました。そして卒園を祝う日に子どもたちや大人に、映像で一緒に生活した時間を届けました。わずか数年で、どれほど多くの動詞＝生きる力を獲得したことでしょうか。そして忘れてならないのは、揺れ動く心、笑ったり悲しんだり、自分のことだけでなく、人のことを思いやる心、人のことを我がことのように考え、喜ぶ心、数値では測れない、そんなことも写真が見せてくれました。形にはできない心の育ちがいっぱいにある、これが「生きる」そして「生活」です。

絵の奥深さから広がる絵本の世界

二〇一八年に亡くなられた加古里子さんにお会いしたのは一九七〇年代のこと、まだ会社に勤務されていたころです。だるまちゃんのおもしろさも、遊びのいっぱい詰まっている本も、そして大作として向き合っておられた「地球」「宇宙」などの大きな絵本。こんなのを今作っているんだと見せていただいたこともありました。

昔話を絵本にされてきた赤羽末吉さんのお話を伺う機会もありました。人生の半ばを越えてから手がけられた絵本、そのなかのひとつに市村久子さんの実践から生まれた『おおきなおおきなおいも』（福音館書店　赤羽末吉／絵）があります。赤羽さんの絵が子どもの世界を見事に語っている一冊です。

その赤羽さんの語り口もあっての絵本の紹介も思い出のひとつです。簡単な線描きの子どもや先生の姿ですが、それはどれほど見る人に動きを感じさせるものだったでしょうか。絵というものの奥深さを見せてもらい、絵本の世界が広がりました。

そんなすてきな若いころの時間を編集者に語った時のことです。「うらやましいな」と言われました。そう、うらやましいでしょ！　でもそんな機会を決して当たり前と思わずに、いつも貪欲に飛び込んでいき、自分に取り入れてきたと思っています。

そして『おおきなおおきなおいも』の実践について、作者ご本人が語ったことも忘れられません。「これはヒットでしたね」というフレーズです。雨で、いもほり遠足に行くことがかなわなかった子どもたちが、おいもを描きたいと言い出し、描いていくとおもしろくなり、どんどん「もっと」、「もっとかみ」になっていきます。

そんなふうに発展したことを振り返りながら、小さい紙ではなく大きな紙を渡したことが「ヒットだった」と振り返られたのです。そんな簡単にホームランを打てることはないけれど、こんなふうに「ヒット」と思えるものの大切さ、そうして日々を歩んでいくことの大切さを大先輩から教えてもらったように思いました。四十年も前のことです。

その時に少しわらべうたや、手作り人形の紹介をしてくださったことが、一保育者の私にとって、しかも保育を学んで子どもとの時間をスタートしたわけではない存在にとっては、大切な貴重な贈り物でした。子どもたちと楽しみながら、人形作りもわらべうた遊びも、その後に広げていきましたが、ほんとに大きな一歩になりました。

子どもの風景にはどんぐり

二十年以上前に出会ったひとりの男の子。どんぐりが大好きで、どんぐりを「飼う」ほど。どんぐりを拾って集めて置いていると、皮が割れて中から何か出てくることに気づきます。大変！　と思う間もなく、彼は出てきた「虫」を大切にケースの中に入れて見守ります。

子どもの発見から大人の学びがどんどん広がっていきました。まず『どんぐりノート』（文化出版局　いわさゆうこ・大滝玲子／作）という一冊に出会い、どんぐりは帽子を被っているのではなく、スカートかパンツかを履いている、それは殻斗（かくと）なのだと知ります。全くさかさまにしてどんぐりを見ていたのです。これは今でも保育現場で多くある間違いです。

そしてその虫はぞうしぎむし。ではなぜあの虫が中から出てくるのだろう？　それはどんぐりが若いうちに、成虫がお尻の針でたまごを生みつけるから。「なるほど！」、ご家庭でもどんぐりぼうやの興味をしっかり見守り応援もされていました。彼のおかげでどんぐりの世界が開けて、その後『まつぼっくりノート』（文化出版局　いわさゆうこ／作）という本もタイムリーに出版されて、いろいろ学んでいったのは、ほかならぬ大人たちでした。

子どもたちと一緒にいるからこそ、こんなふうに生きる世界が楽しく広がっていきます。歩く道が豊かになること、上を見上げて不思議に思えること、それは子どもがそこにいるからこそです。

どんぐりが大好き、ほかのことにはあまり興味を示さない、どんぐりがそこにない生活なんて――。そんな彼のために、その年の運動会ではみんなが「どんぐり」になって、くるくる回り、転げ、どんぐりが手をつないで踊るなどそんなプログラムを考えたのもなつかしいです。みんなも楽しそうでした。どんぐりは、物語がいっぱいの子どもの風景に欠かせないものです。

自然があり季節がある

語り尽くせない多くの出会いに恵まれ、大事にしたいと思うようになったのは、何といっても「春・夏・秋・冬」と巡ってくる季節があること。そして一年を終えてまた次の年がやってくる、そのなかで私たちを包んでくれる自然のおもしろさをいっぱいに感じられるようになっていきました。これで終わることがないかのように膨らんでいく風船、それを抱いているみたい、でも割ってしまってはいけません。大事に大事に抱きながら、明日へと育てる、そんな思いで過ごしてきました。

そうして、絵などを描いて絵本として制作して表す力はないけれど、絵本の世界のような子どもたちとの時間を過ごしてきました。子どもと一緒に作り出していくことができました。

月を見上げる、月のことをもっと一緒に楽しみたい、それもやはり子どもたちの空を見上げるまなざし、「月って遠いんかなあ」とふとつぶやくその姿からです。たくさんの月の絵

本、どれもが日々変わりゆく月の姿を実に楽しいお話として伝えてくれます。

そのなかで出会った『月へ行きたい』(福音館書店　松岡徹／文・絵)、これはもう子どもたちにとって最高の一冊でした。近づいていってもどんどん離れていく、何かに登ってもダメ、早い乗り物に乗っても近づけない、人が何人つながったら月に行けるのか、何で？　どうして？　で始まってエンドレスに続く子どもたちの「？」こそが大人を育ててくれます。

今でも西宮を離れて子育てをしている仲間たちとは月で結びついています。「満月を息子と見上げています」「きれいな月です」などメールが送られてくることもしばしば。西宮で過ごした時間は多くの仲間を支えているとうれしく思います。

どんな季節もたくさんの贈り物があります。青い空も、雨の日も、風が強いことも。子どもたちと一緒だとすべてが新鮮です。「あめかあ」ではなく、「あめだよ！」、「あめないよ、でてもいい？」など一瞬たりともじっとしていません。

冬に園庭の土を覆う白い雪、いっぱいの贈り物がある園庭です。寒さ冷たさも忘れます。すっと消えてしまうくらいのものとはいえ、雪の絵本を読みたくなります。「雪は天からの手紙である」との中谷宇吉郎のすてきなことばを紹介している『雪の結晶ノート』(あすなろ書房　マーク・カッシーノ、ジョン・ネルソン／作・絵　千葉茂樹／訳)。ひとつとして同じ形はない結晶、何より子どもたち一人ひとりも同じ存在は決してありません。たくさんの大事なことを季節の贈り物から教えられます。

家族のあたたかい物語

寒い冬が終わり、春を迎え夏、秋そして冬、そんな一年を子どもたちと過ごしながら、折にふれ思い出す本のひとつに『大きな森の小さな家』（福音館書店　ローラ・インガルス・ワイルダー／著　恩地三保子／訳）のシリーズがあります。テレビでは「大草原の小さな家」という題で放映されていました。

四十年以上も前に出会ったこのお話、アメリカの古き時代、森林や草原を開拓する両親に育てられながら、成長していった一人の少女ローラ、その目を通した家族の物語です。夫となるひとりの少年の成長も描かれています。その壮大な物語にはいくつも心に残る場面があるのですが、何度もことばにしてきたのが、ふたつの箇所です。

入園してきた子どもの保護者が視覚障害であったり、また生まれつき見ることの力が備わっていない子どもたちとの出会い、そんな機会。懸命にそれぞれと向き合うなかで思い出したのが、この本のシリーズの四巻目「シルバー・レイクの岸辺で」でした。

最初のウィスコンシンの森のころから八年後くらいのこと、姉のメアリーがしょうこう熱で失明する、メアリーの目が見えていないとわかった時、お父さんはローラに「おまえのふたつの目はとてもすばやい、そしてしゃべるのも。だからそれをメアリーのために役立ててほしい」と言います。メアリーが「私も見たい」と言わなくてもいいように、いつもメアリーの目になろうと努めるローラの姿、メアリーの「よくわかるわ」とローラの表現を楽しむ、その箇所を思い出しました。ローラは目に見えるものを何でも口にするのですが、感性が豊か過ぎて、幾通りにも広がる表現にメアリーを困らせたりもします。

目になる、そして伝える、この本から条件を持った人、子どもとどうつながっていくか、力をもらったようでした。また実際の視覚障害の方々の生きる姿も学びでした。メアリーも「その人背が高いね、声が上から聞こえたもの」などと見えていなくてもきちんと「つかむ」様子が物語のなかにありますが、出会った人からも「全身を目にして生きている」ことをたくさん見せてもらいました。

もうひとつの箇所は、厳しい冬の描写です。「長い冬」という題ですが、その年の冬はとてつもなく厳しいであろうと、ローラのお父さんは夏がまだ終わらないころに言います。ジャコウネズミが巣をすでに作っている、こんな年は冬が厳しいのだと。便利なものなど何もない、窓ガラスはこの時代にあったかどうか、でも人には豊かな知恵があった。

そして十月には吹雪が、その翌春五月になって、ほんとはクリスマスに届くはずだった、必要な物が詰まった樽を乗せた汽車がやっときた、そんな長い冬。

食べ物も少なく、薪もだんだんなくなる。薪がなくなれば干し草をよってよって棒状にして燃やすものを調達する。餓死か凍死か、そんな状況なのに、明るい日常が流れているのです。吹雪が半日小休止となった時の家族の働き、また吹雪が続けば、お父さんはずっと大事にしてきたバイオリンを奏でる、そしてみんな歌って踊る場面、室内を行進して楽しむ。ローラが詩を暗唱するとお父さんが「それを聞くと火にあたっているのと同じようにあったまるよ」と声をかける。そんな極寒に広がる本の中の風景、ずっと心に残っていました。

夏は夏で、冬は冬で、長い休みがあれば何はなくとも心豊かに過ごせたらいいですね、そんな話をよくお母さん方にしていましたが、ある時こんなことを聞きました。

寒い年の二月のことです、もちつきの日の朝、雪が降って寒かった。もちつきがはじまるのを待つ子どもたち、親が心配するなかにピアノが鳴り、みんなの大きな歌声が寒さを吹き飛ばすように次々と。手を合わせたり身体を伸ばしたりしながら、広げられていくわらべうたの遊びに笑顔が弾ける。その時に、私が話していたローラの物語、家族のあたたかい物語が目の前に広がっているようだった、そんなお話でした。

鬼が登場する季節を楽しむ

鬼が登場する季節、食べること遊ぶことそして何といっても絵本からの大劇場です。子どもたち全員、先生たちも加わってみんな出演者です。

毎年いろいろに工夫して楽しむのですが『ないたあかおに』(偕成社　浜田廣介／作　池田龍雄／絵)で遊んだ年もありました。また『だいくとおにろく』(福音館書店　松居直／再話　赤羽末吉／絵)でということになった年のことです。

これこそ鬼かというような鬼の出てくるこのお話は、大工が橋を作りたいと思う、しかし川には鬼がいてそうそう簡単に作らせてくれないというもの。大劇場は、平均台をつないでの橋です。渡りに来る子どもたちに「この橋を渡りたいなら名前を言え!」というふうにして、掛け合いを楽しむことだけ決めて、あとはその場で、楽しんでいこうとなりました。

私が平均台で橋を作り、そこに鬼役の先生が出てきて、文句を言いながら橋を壊す。そこでまた私は作り、二回ほど繰り返して子どもたちが順に鬼と折衝に出かけていくという構成。ふと保育室の隅の六台ほどの背当てのない、年長なら三人くらいが座れる木の椅子に目が止まり、それをだるまちゃんのように「いいものがある」。しかし一人で運ぶには大変だ、おう、そこに年長がいるではないか。「あれで作りたい」、みんなで作ろうと持ちかけます。そこはノリのいい子どもたち、どんどんそのイス数台をワイワイと運んでくれて、長い橋が完成。疲れたからとみんな元に戻り、寝ます。すぐに寝る仲間になる子どもたちがかわいい。

このお話が始まる前に、あと一曲歌おうと先生に合図を送ったら、何と「ぼうけんにいこう」の歌を。そこで今からみんなで冒険に行くぞ、しかしこの川を渡らないといけない、橋をかけようと持ちかけたのでした。輪になって座っている子どもたちの真ん中に、長い橋ができます。

そんな自然な広がりのなかにはじまったお話。鬼の登場、「誰だ、こんなところに橋を作ったのは」と、蹴飛ばしたりして橋を壊してまた去っていく。そこに起き出した私たちが作り直す。すると〜ということでいよいよ対決の時がはじまります。年長女子から順に橋を渡り、「誰だ！」と言われると「年長女子だ」、「橋が渡りたいなら〜を」の鬼の指令に答えて橋を通してもらう。それをクラスごとに繰り返して向う岸へ渡っていきました。「渡りたいなら〜」のところでいろいろ工夫を凝らした指令があり、それに急いで答えて抜けていく子どもたち。一度しっかりした応答を見ているので、三歳クラスの番になっても「ぽっぽだあ」の力強い返答。異年齢で遊ぶ良さ満開です。

さてさてお待たせしました、年長男子。いろいろ課題をむずかしくねと耳打ちしたので「野菜を食べろよ」などの厳しいおことばも。先頭の子どもが「たべる、たべる」とちょっと顔がひきつっているような様子がおかしかったです。

三歳クラスではどんなお誘いにも答えずに、自分の場所から動かなかった子どもが二人ほどいました。しかし一番最後の出番になったチームの子が、「ああまちきれない、はやくいきたい」と足をバタバタ、いろんな子どもの姿があります。

最後は先生たち、橋も少々難関になっているうえに、厳しい問いかけや課題もあり、それに答えてクラスの子どもたちのためにゲットするのは、お菓子の入った金棒。そしてグループに分かれておいしく味わったのでした。

さてさてそんな劇場の二階からみんな無事に下りて降園。一人のお母さんが「子どもが先

生にお話があるみたいで」、小さな男の子からの申し入れは「あすも、げんきにようちえんにきたい」とのこと。
　驚きましたが実はこんなことが。注意されたにもかかわらず三度目の正直ならず三度もということをして、先生から注意されているところに私が通りかかり、話を聞いて「えーっ!」。しかしびっくりはしたものの、こういう時に怒る仲間になってはいけません。そこで話を聞いて、ひっくり返ってしまいそうなリアクションだけをしてその場を離れました。
　しかし、二階での時間が終わった時に見送りながら「もうあんなことしたら幼稚園に来れないよ」とちょっと釘を刺したのです。それでお母さんに「明日も元気に幼稚園にきたいと順子先生に言いたい」となったようです。「元気に来てね、来なかったらさみしいからね」と返したら一瞬に顔が輝きました。素直でかわいい子どもたちです。楽しかったのに、また明日も来たいのに、そう思ってくれたのでしょうね。少しこわがらせて申し訳なかったです。

遊びながら、つぶやきに耳を傾け、顔や身体の様子に目を止め、全体の雰囲気に満足したり、振り返ったり、そしてこちらも遊びの幅、そのリードを広げ深めて精進あるのみ。実際に接する、その仕事が学びであり、その機会の積み重ねが子どもとはの研究につながっていくということでしょうか。

出会いから物語が生まれる

たくさんの「授業」を私は楽しんできたと思いますが、そのなかでみかんを活かした授業があります。

一九九七年一月の「かがくのとも」（福音館の月刊誌）の絵本は『みかん』（中島睦子／作こうやすすむ／監修）でした。

一九九五年一月十七日の阪神淡路地方を襲った大地震、その思いがけない出来事。しばらくは我を忘れたようなちょっと気が抜けた日々でしたが、こんなことではいけないと思っての時間がはじまります。震災後の日々を「いのち」にそれまで以上に繊細に、子どもたちとの時間をすべて敏感にの思いで、過ごすようになりました。

その絵本には、ひとつのみかんが木の枝になった時、葉っぱから軸から、中の一粒一粒に栄養が届けられて、そしてずっと見てきて食べてきたあのみかんになる、いのちのすばらしさを感じさせるページが広がっていました。そして最後の見開きのページは私が名付けた「みかん関係者御一行様」が描かれています。

小さいきんかんから、大きな文旦まで。その瞬間こそが、その後ずっと私の子どもたちへの「伝えたい」大きなテーマとなっていったものとの出会いでした。「色・形・大きさ、ひとつとして同じものはない」とずっと考え、大事にしていったそれからの時間、自身でもその後どれだけ前向きに、与えられたその題材から求め続けたことでしょうか。そうしていると今度はモノがどんどん「向うからやってくる」ようになりました。「どうしたの？　それ？」と聞かれたら、「何かわからないけ

れど来た」。これ、きっと先生喜んでくれる、先生こんなもの使いませんか、先生見つけてしまったよ、先生の喜ぶ顔が浮かんで用意しちゃいました。そんな数え切れない応援があって、それはそれは豊かな対話が広がり、深い学びにつながる数え切れない体験を子どもたちと味わっていきました。

鹿児島の桜島大根、札幌のキャベツなどにも出会っていくことになります。そしてみかん御一行様を子どもたちと楽しもうと思っていたら、九州に多く産するという晩白柚（ばんぺいゆ）に遭遇。公同の子どもたちにとっては、みかんといえば晩白柚というくらいになっていき、それがご実家の庭にあるという出会いまでありました。

二〇一六年にテレビに映る機会がありました。それを見たお母さんが、もうお父様も亡くなられて、ご実家の庭も人に託されていた晩白柚の木だったようですが、テレビ放映のあとにその晩白柚を送ってもらって、園に届けてくれました。「なつかしくなって〜」とのことばにほんとに心が震えました。私は、子どもたちと生きてきた物語はずっと続くと思っています。まさしくそのなかのひとつで、人生の幸せのレシピは、その時を生きることとそれが最も重要な素材であり、味付けだと思っています。

ひとつの出会い、学ばせてもらったこと、日を重ねるごとに新しい物語がまた加わり、かっての出来事にももっと色が添えられ、深く広い物語として今、手にできています。

みかんは色や大きさをしっかり味わいますが、中の実の数を当てること、皮の剥き方などでも遊びます。一九九六年ごろから、園庭のみかんの木にもたくさんの実がなるようになり、皮までも味わう幸せに恵まれました。春先に蝶々のたまごをそっと集めた木の葉っぱ、その木は小さな実をつけて少しずつ大きくなり、色が移りゆき、大きくなり、それを見上げて、もし落ちてしまったら一大事と大切に育てています。

拾って届けてくれた子どもたちに「まあ！　落ちないでってみかんにしっかり言い聞かせて」と言ったところ、みかんの木の下でずっと上を見上げる姿がありました。

いのちのとの出会いをこれほどまでに考えるようになったのは、一九九五年の大震災の体験でした。それからの日々は「いのち、生きる」を軸にした幼児教育観の構築――阪神淡路大震災からの学びとして、二〇一七年、日本学術振興会の科学研究費助成事業に応募して奨励研究に採択されました。考えてきたこと、願ってきたこと、子どもとの時間への贈り物となりました。

いのちを見守る

二〇一〇年から非常勤講師として、大学でいくつかの講義をさせていただくようになり、二〇一二年からはひとつの学校で障害児保育を担当することになりました。

少しずつそれなりの授業ができているかなと思った二〇一八年の夏、前期最後の学生のレポートに驚きと喜びを与えられました。

当初、「幼稚園の子どもの話ばかりしている」「今の話に出てきた子は障害児?」「事例が聞きたい」と〝障害〟にこだわる学生たちに、まず「子ども」を知ってほしい、そこから生きるうえでのさまざまな問題を一緒に考えられないものか、とずいぶん悩みました。そして数年。その百人近い学生の、一人ひとりからの文章は心震えるものでした。そのレポートにあったことばを紹介します。

まずは「生きていることは奇跡」「生きることのすばらしさを感じた」です。これは目に見えない小さな細胞から始まったいのちが、生まれ出て人間になっていくこと、胎内で時を刻んでいるいのちを映像で見て、話を聞き、受け止めた、大きな出会いだったようです。

「親にありがとうを伝えたいと思った」というのもありました。障害の方々が今を生きている映像を可能な限り一緒に見ましたが、「障害のある方々への見方が変わった」「知ることで自分の世界が広がる」「これまでは固定観念を持ってきたように思うが、これからはしっかり向き合いたい」など、二十歳前後の若者の素直な思いがあふれていました。

そんなさまざまな生のありようを伝えていくなかで、子どもたちの日常に触れていきます。そこからは子どもという「自然」に出会っていってもらえるようにします。

そして「子どもは子どものなかで育つ」こと、どんな条件があっても特別に扱うのではなく、子ども自身が考えること、それを見守ることなどについて、子どもたちとの生活があったからこその体験を届けていきました。

学生の学びの反応がうれしくて、その後も何度かこのレポートのことを紹介しました。力不足ながらも若い人たちに講義ができたのは、たくさんの「いのち」との出会いがあり、また思いがけないいのちとの出会いもあったからです。

いのち――それは人だけではなく、世の中に米粒よりも小さい微少貝なるものがあると教えられ、一緒に浜辺で這うようにして探したこと、どんなものにもいのちがあることをその一つひとつを手に取って心を込めて何度も語ってくれた方との出会いがあったからです。

長きにわたって仕事をしてきたことでたくさんの仲間を得ることができました。私立幼稚園の勤務にもかかわらず、公立の方々とのつながりも多く持つことができてきましたが、それは仕事としてだけではなく、本音で語れる仲間としての貴重な集まりでもあります。

そこでもこのレポートの話をした時、「時を経ても、今もその大学で仕事ができているということが、何よりよい授業をしていることをあらわしている」と言ってくださいました。どんな小さなことも見逃さず、喜び、それを次に伝える、広げる、共感するなど、向き合ってきたこと、毎日を笑って楽しんでと過ごしてきたことをあらためて思いました。

子どもの挑戦を育てる

園庭には、いくつか子どもを「やってみたい」思いに駆り立てる遊具があります。横棒四十本ほどの長いうんてい、園舎二階から顔を出すと登ってきた子どもとタッチできる登り棒。いろんな挑戦は一人ひとりの力を引き出していきますが、その姿を目にした子どもの挑戦への思いも育てていきます。

やろうと誘ったり、方法を教えたりすることはないのですが、そんな空間は子どもを刺激し、そしてハードルを越えるという達成感をひき出す場所。先生を見て、年上の子どもの振る舞いを見て、いろいろ獲得していく子どもたち、さまざまな環境に育てられて力をつけていくのです。

さて、がんばる！　はいいのですが、それは自分で思ってこそです。「ほら○○ちゃんを見てごらん、あなたもやりなさいよ」なんて声をかけられての行動はどうでしょうか。人の振り見ても大事ですが、大人の一方的な先取りはいかに。

今、目の前にいるその子どものこれまでをどう見てきたか、今はどうなのか、これからは？　それをしっかり捉えての応援でなくてはなりません。信頼関係あってこそ、見てくれているそんな思いのもとに一歩を踏み出していく、それはうれしいことです。

お母さん方からよく聞かせていただくことのひとつに「園でがんばっているんでしょうねえ、家に帰るとまあ大きな声を出したり、すぐにあたってきたり～」、子どもの多面体を教えてもらうたびに身が縮まる思いも。

みんなが次々に挑戦していても、「そんな仲間には」とマイペースの男の子がいました。いっぱいの時間を過ごしてきたことは彼のなかにも、ほかの子どもたちにもしっかり降り積もっています。そこで「幼稚園ももう終わりだねえ」というころ、三月に全員に声をかけ、うんていのところに集まりました。すでにできている子はどんどんお猿さんのように進んでいく、そして何とそのあとをどの子も「できる」「できない」ではなく挑戦していく。これがここでの時間が届ける本人への、そして場を大事にしてきた大人たちへの贈り物だと心からうれしく思いました。

さて多くのマイペースくんのなかのひとり、「えっ！できるやん」と驚かされた男の子。こんな力があるんだとみんなをびっくりさせ、「がんばれ！」の応援の声を受けて、最後まで渡り切りました。

家庭でもそれはそれはびっくりされたようで、次のようなことを聞かせていただきました。うんていのうの字も言わなかったこれまで、たぶんやってみようともしていなかったと思う。どこにそんな力がと聞いてみたら、「てがつかれて、もうだめだっておちそうに

なったとき、あしをうえにあげて~」の声が届いて最後までいけたと教えてくれたそうです。彼のこれまでのいろいろな体験、それが心や身体を育ててきた、そして絶妙な順子先生の誘い、ここという時の声掛け、そこでまた自信をつけたと、とても喜んでくださいました。

どんなことばだったのかは覚えていないのですが、どの場面でもすぐに出せることばの引き出しは大事です。うれしい時に一緒に喜び、困った時に支え、ここでという時のことば。「がんばれ~」ほどかけるのにむずかしいことばはない、安易なその連呼はご法度です。「今はいいよ」、「またやってみようね」などもその子ども、状況に応じてのことばです。成長していくということは、動詞を獲得していくと書きましたが、子どもたちと生活しながら私たちも、蓄えてきた動詞に加えて豊かな表現、心を動かすことばを手にし、子どもはもちろん大人もすてきな交わりを広げていくのだと思います。

笑顔が生まれる幼児教育

幼児期の時間は五つの領域に分かれています。その5領域(小学校なら科目)に分けて進めていくようにされている幼児教育、健康・環境・人間関係・言葉・表現です。それに加えて三つの柱があり、そしてそれは次に「幼児期の終わりまでに育ってほしい10の姿」としてまとめられています。

特にこれまで、たとえば目標「明るく元気なこども」などとは設定してきませんでした。どんな思いを持って日々過ごしているか、あえて言うとすれば、「笑って泣いて」「持っている力を存分に使って」「目の前に広がる環境や人との関係を最大に活かして」、とにかく「遊ぶ」です。

笑顔が広がったら、特にあまり笑っていなかった子どもが、ある日笑ったら最高に幸せ。悲しそうな子どもがいたら、そっと寄り添う、ちょっと原因を探ってみる。笑顔が戻ったらまた幸せ。そんな毎日を大切にしていくことができれば、です。

先にカリキュラムありきではない、ただ文字を並べたカリキュラムは作っていません。でも日々を整理してみたら、そこに子どもの笑顔がある、手前味噌ですが生きたカリキュラムを潜在させてきていると思っています。

先生たちのおたよりを印刷前に読ませてもらいながら、どんな「5領域」の日を過ごしたのかを知り、次にそれがどんなふうに広がったらいいか助言する、そんなコミュニケーションのなかで子どもたちの生活を進めてきました。

先生たちには、「10」は子ども一人ひとりがどう育っているかを考える一助にもしてもらったり、学生だとその日に話した内容、取り組んだことは10のなかのいくつを網羅しているのかなどと考えてもらう機会にもしたり。10の項目が先にありきではなく、物語のなかで広がった子どもの世界をもう一度見直していくことができれば、と思ってきました。

「保育内容」の講義で紙ひこうきを取り上げたことがあります。説明を見て折る、室内で飛ばす、昔を思い出し、どんどん広げていく人、「できなーい」と言いつつも、やろうとしたり、自分のことはさておき教える人、ことばが飛び交い、にぎやかな時間が流れ、さてここで挑戦は、外に出る！　上着は着込んだものの文句も言わずに全員で外に。寒いとか、あれやこれや予想通りの「文句」はあるものの、外での工夫が始まり、この尾翼をあげたらとか、その飛ぶヤツみたいに私のもするにはと教えを乞うたり、曲がるのはなぜかと検証、なかなかおもしろい時間が広がりました。

二十歳前後の学生たちのこの話をすると、みなさん「幼稚園と変わらんね」と言われますが、そう、大人は子ども時代をもう一度なぞることによって、子どもと生きていくことができます。まあ大変ですが、この「紙ひこうき」のテーマのなかに多くの「10」が入っている、そしてここから〝風〟などの絵本にも広げていくこともできます。

幼稚園での時間

「最後」ということばが飛び交っていくのが三学期。年明けを迎えると、最後が近づいてきた、最後だねえとも。一年が進んでいくなかで年長の学年は何かにつけ、このことばが。でも明るくです。何しろ子どもたちには明日があるのですから。一九九五年一月の震災を忘れないでと、毎年一月に行われる「子ども追悼コンサート」で、いつも祈る「必ず明日が来ますように」です。健康だと安心していても、何が起こるかわかりません。あんなに元気だったのに、力があって未来を嘱望されていたのに、それでもえーっ！となることが起こったりもします。

そこで年度の最後になった絵本の会では、時間について話しました。

いろんな時間を作ってきました。決してこうあらねばならないという思いで生活の内容を考えてきたわけではありません。私たちも時として、昨年はここへ行った、こんなことをしたと言ってしまいがち。でもそこでふと足を止めます、考えます。今の目の前の子どもたちにとってそれが必要か、どうなのか。もちろん、あっそうだった、じゃあ今年もやろうかとか、ぜひやらなきゃという場合もあります。ずっとやってきたのにと思う取り組みもある、しかし決まっているからではなく、大事なのは必然性です。

六歳で小学校、小学校に行くのだからこれをしなくちゃ、あれもさせなきゃ、となりがちですが、この「時間を作る」「時間を増やす」は慎重にと思うところ。幼稚園に入るころになると「おしめを取らなきゃ」、加えて「先生に怒られるよ」なんてことばまで。いえいえ、ひとつずつの自立が可能になっていくのは、そこに集団での時間、そんな出会いがあるから。その集団の時間を選び、送り込むのだとまず思っていただく。次にゆっくり集団を見回して、ああ、うちもこんなことも少し考えようか、でいいのです。もちろんその子の成長に合わせてトイレなどの自立を考えて進めていただきたいのは、言わずもがなではありますが――。

「時間を作る」。公同幼稚園を選んでくれて、そこでの時間を子どもにと思ってくれたのは何よりうれしいことです。そして園の側からの声掛けに添って、園での時間に子どもたちがうまく合うように協力もしていただきました。

いろんな子どもがいていろんな進め方があって、時にはつまずいたりもしながら、一年が、二年が、三年が。子どもの時間を作っていく、むずかしいことです。親はこれでいいと思ったり、これがあたりまえと思うことも、なかなか目の前の子どもには合わないこともあったりします。

特に、何かどこかに通わせる、子どもが「やりたい」と言ったからとは言うものの、親の思いを受けて「やりたい」と言っている場合もあります。育っていくなかで新しい時間枠を取り入れるのはいろいろ注意ですね。それでなくても「もう○歳だから～」、こうあらねばならないと決めてしまいがちなのですから。

園舎の西側にある敷地で梅満開。切ってわざわざお届けくださいました。

事務所の入り口に置いていたら、訪れた人が「わあ、いいにおい」「ああきれいな色」など第一声が。そこで表に持ち出しました。鼻を近づけて香りをかぐ姿がいっぱいに見られました。

この日、たしかめてみたら節季では「雨水」。暖冬や猛暑とかここ数年の天候を嘆きつつも、季節はきちんと動いているなあ、春はもうそこにと思いました。

「重要な他者」とともに

一番大事なこと、それは子どもといること、子どもから学ぶ、その姿勢あってこその今だと思ってきました。「先生は子どもの前に立ったり、一緒に遊ぶ姿が一番」などのおことばをいただいてきました。子どもたちとの毎日に育てられたからこそです。

その子どもとの毎日は、双方が持つ「ことば」あってこそ。もちろん、そのことばとは、しゃべる、話す、そういうものだけでなく、心を通わせ合うひとときのこと。どんな時間も大好きです。一方的に大人が進めていくのではなく、対話でどんどん展開していく子どもとの時間はほんとに楽しいものです。

そして伝えずにはいられない、だから書く、そして話す。自分の持てることばすべてで、そのことばの力で、読む人が、聞く人がその場に連れていかれるような気分になる、そんな文章にしたいと思ってきました。子どもとの時間は伝える価値があります。

出会いは限りなく続きます。新しい場に出会うとそこでの仲間ができる、こんな幸せなことがあるでしょうか。

二〇一六年九月、思いがけない出来事がありました。指揮者の佐渡裕さんが、なんと西宮公同幼稚園に顔を出されたのです。ＮＨＫの番組「鶴瓶の家族に乾杯」の収録です。年明けに家族に乾杯のテーマソング「バースデー」を、ある歌い手さんが子どもたちに届けてくださったこともあり、こんなすてきな偶然そして出会いがと驚き、佐渡さんの突撃に「ほんとにその時の流れでの訪れなんだ」と少々あわてもしました。

何よりもうれしかったのはその後の反響です。全国に広がったこれまでの園児のご家庭、なつかしいとどれほど連絡をしてきてくれたことでしょう。「あのテレビ見ましたよ」「幼稚園が変わっていない」「その風景に元気をもらった」と言っていただき、番組に感謝しました。転勤で西宮に来て、「この幼稚園がいいな」と思って入園を決めたら、あのテレビで見た幼稚園でしたと、そんな出会いもありました。

三年を過ぎてもまだ「あの時見たよ」の声かけに驚くことも、です。

子どもとの生活に「私って向いていたのかしら」とよく思ってきました。でもきっと多くの方々との出会いがあったから、「向いていたか、いなかったか」を思う割には悩むこともなく、ここまでこれたのでしょう。

子どもに出会ったこと、それはその子をくるむご家族との出会いが与えられたということ、この園に出会えてよかった、そう子どもの成長を喜んでいただいてきました。我が子のことだけでなく、子どもたちみんなのことを大事にしてくださるお父さん、お母さん方との出会いで、私たちが大きく成長してきました。

親子でのわらべうたの時間、少し落ち着いてくると親の膝だけでなくそのクラスのいろいろな保護者の膝に駆け寄り笑顔で座る子どもたちです。もちろん自身のお母さんには最高の笑顔で飛び込んでいくけれど、友だちのお母さんのところにも負けない笑顔で走っていきます。子どもたちを愛してくださる方々だから、安心して膝に座りにいきます。子どもたちにとっての最高の「重要な他者」、そして育ちを支える「ヘルパー」。これまでの出会いと支えは、ひとつとして忘れていません。

私を育ててくれたすべてに感謝

これほどに豊かな人生ってあるのだろうかと思うほどに、多くの出会いに恵まれました。人にモノに、そこから得たもの、積み重なった力、書き切ることはとてもできない、両手に抱えきれないほど。そんなことが少しでも残せたらいいなと願っての一冊です。

二〇一九年、福音館書店の「月刊誌かがくのとも」が五十周年を迎え、『かがくのとものもと』という本も出版されました。この一号を知っている！、この年に保母としての人生をスタートした！　そして「かがくのとも」は同書店のほかの月刊誌、単行本が多くあれど、これほど私の子どもとの日々に欠かせないものはないなという思い、そして誇りです。

考えてみれば、これは学校時代にきちんと勉強していなかった、バランスの悪い学びだったことを暴露することかもしれません。しかしよかったです、十分すぎるほどに不十分なところを補ってくれました。そしてこれらは単に知識を届けるのではなく、心に届く「ものがたり」としての一冊一冊でした。

絵本のことを教えてくれた編集者、書く世界に誘ってくださったMさんはこの「かがくのとも」の創刊に関わっておられます。新しく創り出していった楽しいお話を聞かせてくれながら、「子どもと向き合っている順子先生が一番」と保育の場にいることを励まし続けてくれました。深い関わりを覚える「五十周年」、その二〇一九年の春、私は退職しました。

五十年前、大阪に登場した紀伊国屋書店で見つけた一冊の絵本が『フレデリック』（好文社　レオ・レオニ／作　谷川俊太郎／訳）です。おもしろいねずみだなと思った、技法が楽しいな、そんなくらいでの出会いでしたが、絵本というものは何度も出会い直すものと、教えてくれた貴重な一冊です。心暖かい冬は、冬が来てからではなくそれまでの豊かな時間あってこそ、みんな一緒ではない、いろいろなパーソナリティが。ことばってこれほどにも深くそして人を動かすものなのか、『フレデリック』の一冊が年を経るごとに分厚いものになっていきました。

多くの絵本に支えられてきましたが、退職となった時、心にふと浮かんだお話、『ブレーメンのおんがくたい』（福音館書店　グリム童話　フィッシャー／絵　せたていじ／訳）。私、モノを運べなくなったロバか、いや走れなくなった犬？　ネズミに負けるねこ（ひげふきばあさんだからこれか！）、高らかに歌いたいのにもういいよのにわとり、まあどれがというよりどれもこれもかなの自問自答。お話の結末はあまり考えずに、登場人物の設定だけに思いが、でしたが、彼らが出会った仲間とその後、確かに広げていった時間はすてき！　あらためて絵本を何度も眺めました。

五十年の最初は大阪の私立保育園、右も左もわからない新米の一歩を踏み出させてくれました。ここで絵本に出会います。次に十年余り勤めることになった公立の保育所、三人の子どもの誕生。子どもがいるから行けないではなく「子どもを連れていってもいいですか」と、どんな場にも子連れでの姿を、仲間が支えてくれました。そしてその後の私立の幼稚園。最後となった二〇一九年の三月の卒園式、そこで子どもたちが歌った「大きくなったよ」の一曲。♪こんなにおおきくなったよ　ないたりわらったりしながら　にがてなこともふしぎ　みんなとならがんばれたよ～　ほんとにたくさんの「大きくなったよ」をこれまで見せてきてもらったけれど、よくよく考えたら私こそが「大きくなりました　強くなりました」と、たくさんの「～せんせ　ありがとう」なのだとあらためて思っています。

誇りとするならば数えきれないほどの自主的学び、いつも働きながら時間の工夫。何足のわらじを履くのと感心されたりあきれられたり。それには還暦を目前にしての二年間の大学院の時間もありました。そこでは次元の違う「書く」と格闘した修士論文をでした。そんな学びのスタートは何十年も前の国家資格の保母試験、まだ根性もそれほどなかったころ、働きながらの通信教育を、今でも忘れない「期日に間に合わなくてもいいからあなたのペースで」のコメントで顔は見えないけれどの応援、それにどれほど勇気をもらったか。今教える立場に立って根底となっているものです。

こんなに大きくなりました。心から感謝しています。

あとがき

ふたりの女子卒園児が私の誕生日に声をかけてくれました。「幼稚園楽しかったあ」に続いたのは「わたしたちを幼稚園に入れてくれてありがとうございました」。

七十歳からの時間への大いなる励ましでした。

彼女たちが入園してきたのは三歳のころ。それぞれの子どもたちとの間に、ことばがしっかりあったわけではありません。しぐさで、見つめる眼で、そっと預けてくるその小さな身体で、心の中を伝えてきてくれる。そこから読み取る、その子が見ている方向を私も見る、息づかいから気持ちを感じる、そんな時間が少しずつ積み木のように高くなり、前へと道を作っていく、でも時々ドミノのように倒れることも。ともにふたたび作っていく一日一日が積もっていきました。笑いが広がる、くやしい時は全身でぶつかりそして号泣もする、目の前から姿を消すこともありました。すべてが共感でした。

孫が四歳のころ、ある日園庭の仲間に。

鉄棒で逆上がりの子どもの横で彼女も挑戦。うまくいきません。さりげなく見本を示し、心配そうに見ていたその子が孫に声をかけました。「こうどうずぼんにかえたらできるかも」、青い色のズボンはクラスカラーの帽子とともに子どもたちの誇り。自分たちの毎日を、生きていることを、今ここにいることをしっかり支えてくれている、それが「公同ズボン」。幼いのに、思いを表現するのもまだまだなのに、小さな声だったけれど今持っている力を十二分に活かし、自信に満ちていました。

そんな子どもたちとよく遊びました。

私の役割は入園したばかりの、まだ慣れない子どもたちをいかに「その気にさせるか」、つられて遊んでしまう、そして「あしたもくるわ」と帰っていく。当然、経験をもとにリードをしていきますが、彼らの表情を見ながら心のやりとりをするそんな時間でした。

次の役割は子どもたち全員との時間。心のやりとりは、まず園での出会いの第一歩になった大人と、子どもの間に広がっていきます。個との間にはじまった時間は集団との時間にたしかにつながっていく。その「集団」との共感の時間でした。大きくなった子どもたちとのことばのやりとりは、一緒にその時間を過ごす幼い子どもたちに確実に届いていく。歌声もそうして広がっていきました。

全力でそんな時間を大切にしてきた日々。お節介を承知で、失敗も恐れず何事にも前向き。

その子どもたちとの多くの時間は、保育を学ぶ学生に伝える講師としての時間につながり、今に至っています。全力でと言うものの、我が子にとってはどんな母親だったのでしょうか。向き合うことより走るところだけを見せてきたような私の人生に、「そこにいるだけでいい人」「どれほど多くの人にとって大切な存在か」と、子どもたちはこんなことばを贈ってくれました。

「人にはちょうどよい時節が与えられるもの、次なる使命を大切に」とは菅井先生から。思い描いていたものと変わることもある人生でも、その変化を受け入れ、楽しみたい。求められることがあるなら謙虚に、そして狭量に陥ることなく、何よりトレードマークの笑顔で明日へ向かいます。

昨日から今日へと続いてきた時間を東京シューレ出版の小野さんが辛抱強く一冊にまとめてくれました。

心を寄せ、どんな時にも見守ってくださった方々、ありがとうございます。

著　者　略　歴

菅澤　順子（すがさわ　じゅんこ）

1949年大阪生まれ。70歳を迎えてもなおフットワークの軽さは変わらず。兵庫、大阪、京都と学生との時間に心を込める毎日。また花や動物としゃべるのが好き、特に最近はねこからの信頼厚く、どんなねこからも一目置かれていると定評が。

『どっちどっちえべっさん』『なまいきざかり』（1987年、1991年　長征社）『子どもの生活世界と人権』（共著　1995年　柘植書房新社）『子どもを見守るまなざし12か月』（2014年　小社刊）など、子どもたちとの共感の時間を数多く執筆している。

子どもに寄り添うまなざし　春夏秋冬

――学びの芽ばえを育む幼児教育――

発 行 日　2019年9月30日 初版発行
著　　者　菅澤 順子
発 行 人　小野 利和
発 行 所　東京シューレ出版
〒136-0072
東京都江東区大島7-12-22-713
TEL／FAX　03-5875-4465
ホームページ　http//mediashure.com
E-mail　info@mediashure.com

装　　丁　髙橋 貞恩
装　　画　おおかみ あやこ
本文デザイン　髙橋 貞恩
DTP 制作　イヌヲ企画
印刷／製本　モリモト印刷株式会社

定価はカバーに印刷してあります。
ISBN　978-4-903192-37-6 C0037
Printed in Japan